ATITUDES NA VIAGEM DA VIDA

CIP-BRASIL. CATALOGAÇÃO NA PUBLICAÇÃO
SINDICATO NACIONAL DOS EDITORES DE LIVROS, RJ

H222a   Hans, Marcos, 1958-
            Atitudes na viagem da vida / Marcos Hans. – 1. ed. – Porto Alegre [RS] : AGE, 2025.
            216 p. : il. ; 16x23 cm.

            ISBN 978-65-5863-355-6
            ISBN E-BOOK 978-65-5863-354-9

            1. Autoconhecimento. 2. Desenvolvimento pessoal. 3. Autorrealização. I. Título.

            25-96573   CDD: 158.1
                                  CDU: 159.923.2

Gabriela Faray Ferreira Lopes – Bibliotecária – CRB-7/6643

MARCOS HANS

ATITUDES NA VIAGEM DA VIDA

Editora AGE

PORTO ALEGRE, 2025

© Marcos Hans, 2025

Capa:
Mirella Schultz e Nathalia Real

Diagramação:
Júlia Seixas

Revisão gramatical:
Marquieli Oliveira

Supervisão editorial:
Paulo Flávio Ledur

Editoração eletrônica:
Ledur Serviços Editoriais Ltda.

Reservados todos os direitos de publicação à
EDITORA AGE
editoraage@editoraage.com.br
Rua Valparaíso, 285 – Bairro Jardim Botânico
90690-300 – Porto Alegre, RS, Brasil
Fone: (51) 3223-9385 | Whats: (51) 99151-0311
vendas@editoraage.com.br
www.editoraage.com.br

Impresso no Brasil / Printed in Brazil

Sumário

Introdução 7

ESTAÇÕES/PARADAS
    O que é atitude? 11
    A viagem de cada um 13
    Qual é a sua marca? 15
    Curso Dale Carnegie 18
    Dale Carnegie Program – Hawaii 21

ÁSIA
    Iran – Shiraz – Persepolis –Pasagard – Província de Fars 27
    Expedição ao Everest 30
    Papua New Guinea 32
    Turkmenistan 39
    Islamic Emirate of Afghanistan 44
    Islamic Republic of Pakistan 48
    Saudi Arabia 51
    Bangladesh (158/192UN e 31/192UN) 54
    India – The best of Southern India 56

ÁFRICA
    Kilimanjaro – Gorilla Adventure 63
    Ethiopia – Lalibela 74
    Madagascar – Antananarivo 77
    Socotra-Yemen 82
    Eritrea – a North Korea da Africa 86

AMÉRICAS
    Route 66 Chicago to Los Angeles 95
    Yellowknife, NT, Canada – Aurora Borealis Adventure 99
    Mexico, Oaxaca – Día de Muertos y Ciudad de Mexico 101
    Guyana, Georgetown – Kaieteur Falls 104
    Amapá – Macapá – Oiapoque – Guiana Francesa 106
    Guiana Francesa – Capital Cayenne 109
    Suriname – Paramaribo 112
    Whitehorse Yukon 114

EUROPA

Malta, Valetta – Gozo 119
Chernobyl – Desastre Nuclear Abr./1986 122
Camino de Santiago de Compostela – Sarria a Santiago 126
Transnistria 131
Bosnia I Herzegovina – Sarajevo 134

OCEANIA

Japan – Okinawa Island 141
Cambodia – Siem Reap 145
Republic of Maldives, Malé – Paradise Island Resort 148

ANTÁRTICA

Antartica Expedition 153

FILOSOFIA

XIII Conferência Mundial de GL – Romania 161
Detroit, Michigan, USA 163

NORTH KOREA E SOUTH KOREA

Democratic People's Republic of Korea (DPRK) – Pyongyang – Kim Jong Un 169
Democratic People's Republic of Korea (DPRK) – Pyongyang – North Korea 171
Republic of Korea, Seoul 174

MIDDLE EAST

Syria – Damascus – Aleppo – Latakia – Homs – Palmyra 179
Bahrain – Manama 185
Qatar – Doha 187

CRUZEIROS

Asia – RC Spectrum of the Seas Singapore, Vietnam, Thailand 191
Norway Oslo-Bergen – Havila Voyages – Round trip Bergen Kirkenes 193
Amazônia – a pátria da água 197
Grand European Tour Viking Cruise Budapest to Amsterdam 201
Norwegian Sun Cruise – Valparaiso – Buenos Aires 207
A viagem do TITANIC: O Caminho dos Vikings 211

Introdução

A atitude em viagens é estar de mente aberta para novas experiências e expandir sua consciência. Atitude em viagens é movimento, porque essa é a máxima da curta existência de cada um. Movimentar-se para se sentir bem, para conquistar sua felicidade, para manter a saúde. Você pode se movimentar na sua cidade, no seu estado, em seu país ou até mesmo em outros lugares do mundo – e também na sua mente; pode fazer e sonhar com o que você quiser. Charlie Chaplin resumiu isso em uma frase: o seu cérebro é o brinquedo mais completo que você tem.

Neste *e-book*, desejo conduzi-lo a explorar o mundo por meio de culturas, geografias, pessoas, nações, filosofias e religiões, compartilhando minhas experiências em viagens realizadas, as quais, até o momento da publicação deste livro, totalizam 158 nações visitadas.

A viagem que resulta dessas experiências é, acima de tudo, uma viagem para dentro de si mesmo – algo que certamente já aconteceu com você em seus deslocamentos. As viagens externas, para os mais longínquos, exóticos, bonitos, ricos e pobres lugares, sempre têm o mesmo ingrediente: você mesmo, seu eu mesmo.

E, no final da grande movimentação, da grande viagem, quando convidados para desembarcar na última estação que temos direito de visitar, a satisfação de ter se movimentado com sabedoria, com inteligência, em todas as áreas da vida, a fim de celebrar a vida na partida, é o que REALMENTE importa. Na cultura judaico-cristã, há alegria dos pais quando nascemos e tristeza quando partimos. Desejo mudar isso e celebrar minha vida, esperando que os outros também o façam, tanto enquanto estou aqui quanto na partida e nas lembranças. Convido você a agir, planejar e viver de modo que sua jornada seja sempre celebrada.

Vamos, então, continuar a movimentação PELO MUNDO. Essa é minha atitude e, sinceramente, espero influenciar você a ter sempre uma atitude de alegria, entusiasmo, para a frente, para cima e para o alto em sua vida.

O QR Code apresentado antes de cada texto direciona à página www.sejalider.com.br, onde estão os *links* para fotos e vídeos.

 O QR Code ao lado leva à página inicial da sejalider.com.br, onde periodicamente são registradas novas aventuras, publicados novos vídeos no canal do YouTube e lançados novos *podcasts*.

Este livro reflete a tendência na forma de leitura e relacionamento com a literatura. Os *podcasts* disponíveis no *link* da página intitulada Tudo é uma Questão de Atitude abordam temas relacionados a comportamento, metas, desafios, relações humanas, misticismo, viagens e diversos outros assuntos, em um formato médio de 2 minutos por episódio. O tempo de uma música!

Portanto, viaje comigo um pouco, leia alguns textos e largue este livro e ponha o pé na estrada, no ônibus, no avião, no navio, e seja mais feliz ainda. Você vai gostar mais da sua casa, dos seus familiares, da sua cidade e de você mesmo depois de viajar. A atitude é viajar, a atitude é ser feliz aqui e agora, e não depois. Porque é mais tarde do que você pensa. "Somos necessários aqui e agora, dispensáveis depois e no além." Podemos escolher ser felizes agora ou deixar tudo ao acaso.

O Túnel do Tempo, série criada por Irwin Allen, está representado como uma pintura na parede do muro da minha residência, lembrando-me constantemente de que estamos em uma viagem. E viajar, literalmente, é ir ao passado e ouvir as histórias sobre o que aconteceu. E, na imaginação, é mais econômico viajar pelo Túnel do Tempo.

Afinal, tudo é uma questão de atitude.

Marcos Hans

Time Tunnel — Série dos anos 70 criada por Irwin Allen.

ESTAÇÕES/PARADAS

O que é atitude?

Atitude é exatamente a mesma coisa que aptidão. A palavra original era atitude. Significa estar preparado, física e mentalmente, para executar algo. Só que não é só isso. Atitude tem muitos sinônimos na atualidade, e seu significado é mais profundo. Veja alguns exemplos:

- "Ah, ele tem, ela tem, sabe, assim, atitude, sabe?" É a atitude do sei lá.
- "Ele está assumindo uma atitude muito conservadora e radical." É a atitude de posição.
- No esporte, diz-se: "O time voltou com muito mais atitude no segundo tempo".
- Nas vendas, diz-se: "É uma atitude como essa que faz esta companhia ter altos índices de vendas". É a atitude de ação.
- "Precisamos tomar uma atitude", diz o diretor na reunião. É a atitude de decisão.
- "Você precisa ter uma atitude menos crítica em relação aos seus empregadores."

Uma pessoa caminha na rua cabisbaixa. Você pensa: "Que falta de atitude". Ela olha para cima, se estica toda e começa a caminhar com mais vigor. Você pensa: ela está tomando uma atitude de mais decisão.

O leão se gabava de ter atitude diante da tartaruga. Dizia: lá em casa, eu é que tenho atitude. Minha senhora é que vai à caça. Ela cria os filhos. Minha vida se resume a rugir, digo, mandar, comer e fazer sexo. A tartaruga, uma hora depois, responde: sabe, vossa

majestade, eu não quero ser rei, nem o mais veloz, nem o mais bonito, nem o mais forte. Essa é a minha atitude. Desejo ser eu mesmo e não aquilo que os outros esperam que eu seja. Já disse isso ao seu bisavô e direi aos seus netos também.

Os dois ficaram se olhando, ambos convencidos de que o outro jamais entenderia o que é atitude. Da mesma forma que alguns chefes, líderes e alguns subordinados, liderados sempre acham que têm atitude de sobra. E o outro sempre vê a falta de atitude no próximo.

Depende do objetivo de cada um, do nível de consciência em que se encontra. Mas uma coisa é certa: todos nós precisamos de uma dose extra de ATITUDE nesta vida.

Tudo é uma questão de atitude.

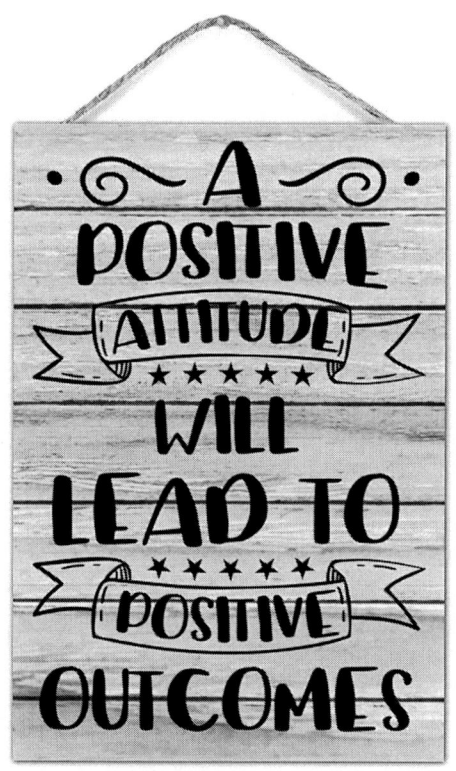

A viagem de cada um
Set. 2013

As pessoas, em geral, amam viajar. Você pergunta a alguém o que faria se ficasse rico, e a resposta quase sempre vem com um suspiro: Ahhhh, eu iria viajar. Mas tem uma minoria que não gosta de viajar, de sair de sua zona de conforto. Talvez porque tenha o mundo dentro de si.

Bem, não é o meu caso, ainda não amadureci tanto assim. Ainda bem que não. Muitas pessoas viajam porque querem ir para longe. Elas acreditam que, ao se afastarem do local onde vivem, também se afastarão dos problemas que as cercam. Ilusão.

Quando se criam raízes – familiares, afetivas –, criam-se também situações problemáticas.

As outras pessoas é que são os problemas. Então você sai de casa para se afastar dos problemas, mas não consegue ficar sempre em movimento; ninguém consegue. E, mesmo distante, você estabelece relações de rotina, afetivas, e os problemas voltam a surgir. Assim é a vida, e não como gostaríamos que ela fosse. E aí você sente vontade de fugir novamente.

Talvez a minoria esteja certa: o lugar do mundo em que você está importa pouco; o que realmente importa é se existe um mundo dentro de você.

Quem não se sente bem em sua própria companhia sempre terá motivos para fugir. Por outro lado, quem está confortável consigo mesmo não precisa buscar a felicidade em outro lugar. A felicidade está dentro dele, ele a leva para onde for e, assim, se sente perfeitamente feliz em casa. Freud afirmou: "Casa, comida e sexo. É a isso que tudo se resume". Segundo ele, todas as nossas necessidades, ânsias, desejos e sofrimentos se reduzem a esses três aspectos. Eu acrescento: e viagens.

O caminho do meio é o caminho. Viajar não significa fugir dos problemas. Pode significar que, estando sem problemas, decido observar como pessoas de outros lugares lidam com os seus. Pode significar simplesmente que vou e volto. Pode ser por curiosidade, pelo desejo de entender outras culturas ou simplesmente para expandir a jornada pessoal. É como se levantar do assento em um ônibus, trem ou avião para conhecer outros passageiros.

Afinal, estamos todos viajando. Ter atitude é aproveitar ao máximo o tempo que temos nesta viagem.

Qual é a sua marca?

Companhias, organizações, países e grupos usam suas marcas, logos, símbolos e bandeiras para se identificar. Muitas vezes, reconhecemos um país, produto ou organização não por uma sentença ou palavra escrita, mas por um símbolo. Os militares, principalmente, têm orgulho de seus símbolos. Nas Olimpíadas, reconhecemos os atletas por suas bandeiras.

No tempo dos Césares, os escravos eram marcados como se fossem gado. Marcas são usadas para mostrar qualidade e caráter. Quando alguém usa o esquadro e o compasso, espera-se que possua certas qualidades.

No Grau de Mestre de Marca, há uma lição muito prática e específica de como um maçom deveria viver e trabalhar. No passado, a marca era usada para identificar seu trabalho nas construções. Hoje, "faça sua marca", "tenha sua marca", "coloque sua assinatura" e "coloque seu selo" ainda são expressões usadas em empresas e por profissionais de diversas áreas, como no ramo automobilístico. Tudo está relacionado à qualidade e à reputação de seus produtos e serviços.

No Grau de Mestre, é permitido e exigido que cada um crie sua própria marca. Essa marca deve, a partir de agora, representar com mais ênfase a qualidade de tudo o que fazemos. Nos relacionamentos, no trabalho e no orgulho que acompanha nossas realizações: EU FIZ AQUILO.

Esses símbolos podem transmitir uma imagem positiva, indiferente ou negativa. Pode ser uma imagem positiva, indiferente ou negativa. Como essa percepção será formada depende de como o indivíduo agirá durante um longo período. Muitos de nós aceitamos ou rejeitamos produtos ou serviços de acordo com a sua marca, o nome da companhia.

"Quem fez isto?", "quem assinou?" e "quem está por trás?" são perguntas comuns para avaliar e tomar uma decisão.

Três grandes símbolos da maçonaria – o esquadro, o compasso e a Bíblia – estão sempre no altar de uma loja, com exceção de alguns ritos, como o Moderno ou o Francês. O esquadro nos ensina sobre nossas ações em relação às pessoas, e o compasso nos lembra da necessidade de controlar nossas paixões. A bíblia é constantemente referida nos trabalhos. É aberta e está sempre à vista do Venerável Mestre, pois assim sua luz está sempre presente. Com raras exceções, ninguém deve passar entre a Bíblia (Shekinah) e o altar, para não obscurecer sua luz. A maçonaria incentiva a leitura e o estudo da Bíblia, mas não faz interpretações. Cada um deve tirar suas próprias conclusões.

O companheiro achou uma pedra bonita e a apresentou. Ela estava fora de esquadro e foi rejeitada. Ele não recebeu pagamento e ainda ficou com problemas porque apresentou algo que não era seu. Quando estamos construindo nosso templo interior, para que ele fique cada vez mais bonito e harmonioso, devemos estar abertos a todas as novas ideias e sugestões, porque pode ser aquela sugestão de que aparentemente está fora do esquadro que pode estar faltando.

Podemos tirar lições dos dois lados. O companheiro é a mente progressiva. Os inspetores são a mente conservadora. Ambos estão presentes na sociedade. Ambas as forças são necessárias para o progresso da humanidade, de uma organização, porque é no balanço, no equilíbrio, que o progresso, o sucesso, é obtido.

Mesmo que o companheiro apresente uma ideia aparentemente utópica, que os inspetores não estão dispostos a receber, é preciso lembrar que os progressos científicos, por exemplo, são penosamente lentos. Por outro lado, uma ideia radical imposta a um grupo, empresa ou governo só traz discórdia. A evolução, e não a revolução, é o caminho do meio, é o caminho do progresso.

É claro que não podemos esquecer que, no mesmo local daquela pedra especial rejeitada que foi recuperada, havia muitas pedras que simplesmente pertenciam ao lixo.

Se não podemos aceitar uma pedra, uma ideia ou um trabalho, que não seja por falta de conhecimento, por ser diferente ou peculiar, ou simplesmente por estar fora dos nossos padrões e nível de consciência.

As ferramentas do Mestre de Marca são o malho e o cinzel, usados para moldar o caráter: a arrogância deve dar lugar à compaixão, o orgulho excessivo à humildade e o egoísmo ao altruísmo. Somos lembrados disso no primeiro grau, em que devemos desbastar a pedra bruta.

No Grau de Mestre de Marca, passagens da Bíblia são lidas do altar. A parábola (Mateus 20:16) enfatiza que há diferentes níveis de consciência ao nosso redor e nos ensina que aquilo que consideramos favorecimento ou injustiça pode, na verdade, ser apenas o reconhecimento de trabalhos já realizados, talvez até em outras épocas.

O Grau de Mestre é prático e em resumo nos diz:

- Nunca peça ou pegue para si o trabalho e as ações de outros.
- Esteja disposto, dentro de suas possibilidades, a ajudar outros irmãos.
- Lembre-se de que o dono do vinhedo pode fazer o que quiser com o que é seu.
- Sempre revise seu trabalho, suas qualidades, para estarem de acordo com as que o Grande Arquiteto tem em mente.
- A marca pessoal, o esquadro e o compasso sempre devem ser os sinais de que somos parte de uma família na qual podemos confiar e para a qual podemos clamar por assistência, se for o caso.

Curso Dale Carnegie
Set. 2021

Sempre quis fazer este curso, especialmente porque sou uma pessoa introvertida e tímida. Achei que o curso Dale Carnegie seria útil para mim porque me permitiria falar em frente às pessoas e vencer meu medo de falar em público, mas ele fez muito mais do que isso.

Comecei o curso em setembro de 2021 em Burnaby, então tinha que pegar a balsa de Victoria para Vancouver toda quarta-feira e passar uma noite em Vancouver toda semana. A maioria das pessoas via isso como uma grande determinação, já que eu precisava percorrer todo aquele caminho. Mas, por algum motivo, eu achava que era normal e que qualquer um faria o mesmo. Mas então percebi que isso não é verdade, foi realmente uma determinação da minha parte, e isso me deixou ainda mais orgulhosa de mim mesma.

Nas primeiras duas ou três aulas, fiquei um pouco perdida porque não tinha certeza do que minha instrutora esperava de mim. Toda aula temos uma tarefa que precisamos preparar com antecedência, e, na segunda aula, tivemos que contar aos nossos colegas sobre um evento que aconteceu na nossa infância que nos ensinou algo. Então, escrevi cada palavra que ia dizer na aula, mas cheguei lá e descobri que não poderia ler o que havia escrito, então entrei em pânico imediatamente. Fiquei com tanto medo porque não sabia o que ia dizer a eles, pois não poderia ler o que havia escrito. Mas acabou tudo bem.

Então, depois daquela aula, eu pensei que tinha entendido o que eu deveria fazer em seguida. Mas então veio a próxima aula, e eu tinha literalmente memorizado cada palavra que escrevi desta vez, e isso foi um desastre. Especialmente porque o livro que nos deram diz que não devemos memorizar nada; devemos anotar os pontos mais importantes de nossas falas e contar nossa história com mais naturalidade.

Depois que realmente entendi o que eu deveria fazer, tudo ficou muito mais fácil. Pude, pela primeira vez na vida, sentir-me à vontade para contar uma história às pessoas, algo que nunca pensei que fosse capaz de fazer.

Em todas as aulas os alunos votam em quem eles acham que teve um avanço ou foi excelente em seu discurso. Na minha cabeça, nunca imaginei que receberia um prêmio por isso. Mas acabou que eu realmente recebi dois!!! Na primeira vez que ganhei um prêmio, fiquei em choque, especialmente porque eu pensei que naquela noite eu tinha feito um péssimo trabalho ao fazer meu discurso, mas acho que as pessoas realmente gostaram dele. Então eu tive que ir na frente da classe e agradecer o prêmio, mas, quando estava lá,  eu fiquei tão emocionada que comecei a chorar, acho que porque eu achei que fui horrível e não estava confiante com meu discurso, mas as pessoas realmente gostaram.

Desde aquela noite, isso me deu ainda mais motivação para continuar fazendo o meu melhor e encontrando novas e melhores técnicas para fazer o discurso.

Este curso não apenas me mostrou que posso vencer meu medo de falar em público, como também me ensinou princípios que usarei sempre no meu dia a dia. São princípios do "livro de ouro", que ensina como se comunicar com as pessoas e como parar de se preocupar tanto. Em todas as aulas, discutimos esses princípios e os usamos em nossa vida profissional, depois contamos às pessoas os resultados de usá-los. E, ao usar esses princípios em minha vida cotidiana, vi muitas mudanças na maneira como interajo com meus colegas de trabalho, meu parceiro, amigos e familiares, e isso me fez perceber que apenas analisando as coisas e tendo esses princípios na minha mente consegui lidar de uma forma muito melhor com situações que nunca teria pensado se não tivesse frequentado este curso. O curso Dale Carnegie mudou minha vida de maneiras que eu não esperava. Ele também me fez perceber que, quando você está fazendo um discurso na frente de centenas de pessoas, essas pessoas não estão julgando você, muitas delas estão pensando em si mesmas, em suas vidas, então não há motivo para ter medo de falar.

    Recomendo este curso a todos! Não importa se você já é extrovertido ou ótimo em falar em público; o curso Dale Carnegie vai muito além disso. Ele ensina as pessoas a lidar com os problemas cotidianos que encontram em suas vidas. Não me arrependo de ter que ir toda semana para Vancouver. Eu faria tudo outra vez. Este curso mudou minha vida, e, se você tiver a oportunidade, *deixe que mude a sua também!*

Lauren Baptista Hans

Dale Carnegie Program – Hawaii
Nov. 2021

Graduation Class, Session 12, on the 17th of November, in Burnaby, at the Hilton Hotel Lauren, received her certificate of completion for the Dale Carnegie Course – Effective Communication and Human Relations with 100% of attendance.

I attended as visitor and as a former Dale Carnegie instructor for 15+ years at the sponsor from Porto Alegre, RS. It was amazing seeing Lauren introduce me, give her three-minute speech on what she accomplishes from the program and her future plans. In front of the class I congratulate her and told the story about the two boys from Butham who defied the king asking if the bird that they have in their hand is alive or dead. The king was right again and answered – The decision is in your hand. At the end I invoke Robert Frost The road not taken poem. Two roads diverged in a wood, and as one traveler could not take both, and I took the less traveled by, and this has made all the difference. The message: the decision is always upon us. The program provide tool to make better, more intelligent options and navigate smoothly through life.

The day after, early in the morning we flew to Honolulu via WestJet on a six-hour flight. At the Aqua hotel, near Waikiki Beach. The Hula dancing and traditional music with fire torches gave the tune for our arrival at a venue at a central location. The trip to Hilo, to see the biggest active volcano was with Hawaiian Airlines on a 717 Boing. A rental car did not work due a not matching credit card and driver license. A public bus, on leg with a Uber saved our day and on time in Waikiki again for a fantastic dinner at The Tanaka Tokyo Restaurant, where the food is grilled with a show in front of you. This was out getting together celebration after more than two years physically apart due the health world situation known as Covid-19.

About the Vulcano Kilauea, the eruption in 2018 change the geography. About 600 homes were, destroyed and more than 300 hectares were created from larva that entered the ocean.

The Circle Island tour, 16 locations in one day was remarkable, one giant Turtlesat Laniakea beach, Jurassic Park Ranch, unfortunately the dinosaurs could not be seen, snorkeling, pineapple Dole Plantation, since 1900. Hawaii is the pineapple State, Coffee Plantation Haloma Blowhole, Sandy beach, shrimp truck and much more. Downtown is always a crowded and multi faced spot. The sub-tropical temperature is very pleasant. This is Hawaii.

Pearl Harbor Memorial, the USS Arizona Memorial, built with Elvis Presley's help, when he and his friend fundraised money for the building. The Arizona was the ship where more than 900 perished on the 7th of December, 1941 Japanese attack lead by Admiral Tanaka Yamamoto. In total more than 2400 including civilians died on that Sunday morning. A declared war against the Japanese Empire culminate with Hiroshima and Nagasaki, in Ribault. Bougainville, PNG, the wreck of Yamamoto's Plane in a jungle. It is there to check history. His body and one wing of the plane are in Japan and he is buried in Japan as a Hero. Fortunately, I was able to reach the jungle and take a picture of that plane that was ordered to shut down by president F. D. Roosevelt after they decipher the flying codes. Two survivors are still alive, over 100 years old each one, and they already said they don't want to be buried along the ship.

The Germaine's Luau was simple cultural and entertaining, At the beach, food, shows from dancers and performers from Hawaii, Samoa, Fiji, Tahiti.

Waikiki, the famous and clean beach in Honolulu. It is simple a paradisaic place. The ABC stores, convenience stores are all over Waikiki. About 84 stores. Almost in every corner. During Covid-19, this was a ghost city, ghost beach, ghost island. All for the locals. Now tourism is coming back. Vaccination card for almost every entry except for walking on the street. PCR test to enter the state and to travel to another country,

Planet Earth: These are my journeys, on a mission of many years, to explore new destinations, new cultures, new geographies, to research ancient civilizations and boldly go where I have never been before."

Mark my word and act accordingly. Because everything is a matter of attitude.

ÁSIA

Iran – Shiraz – Persepolis – Pasagard – Província de Fars
Out. 2017

Shiraz, antiga capital do Irã durante a dinastia Zand, tem uma população de 1,9 milhão. Cidade dos poetas, dos jardins e das flores e cidade cultural do Iran. São 4000 anos de história. O castelo Karim Khan, que lembra um forte da Idade Média, é uma cidadela localizada no centro de Shiraz e é uma das principais atrações. Construído como residência por Karim Khan, serviu depois como prédio para o governo e como prisão e atualmente é um Museu protegido pela Unesco. A cidade é famosa pelo poeta Hafez (1315-1390), cujos poemas são celebrados pela sua habilidade incomum e profundidade. Recebeu este título por sua habilidade incomum. Aos oito anos já tinha decorado todo o livro sagrado Alcorão. Visitei o local de seu túmulo no dia do seu aniversário de morte. Parecia que toda a cidade veio prestar homenagens. Seus poemas versam sobre misticismo, sufismo.

Um esporte que data de 700 anos, o Zoorkhaneh foi criado para treinar soldados persas para as guerras e continua vivo. Vi uma sessão praticada em um ringue, onde vários atletas se exercitavam sob o comando de música e tambores e apoios, levantando peças de madeiras para treinar os braços, danças circulares sobre o corpo, como os Sufis Dervish na Turquia. A conclusão foi imediata: as academias atuais copiaram da Antiguidade os exercícios e os adaptaram, como *body combat*, zumba, *crossfit*. O Zoorkhaneh é registrado na Unesco como esporte tradicional de ginástica. Envolve princípios de zoroastrismo, mitraísmo, gnosticismo e elementos de cultura pré-islâmica persa. Trata-se de uma experiência somente do Iran.

O bazar, no centro da cidade, é enorme e variado. Os bazares do mundo islâmico proporcionam uma experiência de comércio à moda antiga. Em São Paulo, há a rua primeiro de março, no Rio de Janeiro, o Saara, no Cairo, o Khan El Khalili. Praticamente em todo o mundo há os comércios populares, os brechós, os *shopping* de rua, as barracas. Os do Iran transportam o visitante para a época dos viajantes de camelo, de cavalo, pois os prédios e locais são tão antigos como o tipo de mercadoria, o que mantém o tradicional junto ao moderno *Made in China*.

Shiraz é o nome de uma variedade de uva utilizada para a produção de vinho. Aqui existiam vinícolas que foram extintas, pois atualmente o consumo de álcool é proibido. Por ser proibido, é contrabandeado das mais diversas formas. Nos mercados, tem somente cerveja com 0% de álcool, como a Holzstein, da Germany. Portanto, há chás, água e bebidas de frutas gaseificadas das mais diversas. O Jardim Eram, com 900 anos, é um dos jardins considerados como patrimônio da humanidade pela Unesco.

Persepolis, situada a 60 km de Shiraz, é uma verdadeira surpresa. São ruínas remanescentes do maior Império até então, ou seja, até 330 a.C. Foi Ciro, o Grande, quem iniciou o Império em 550 a.C., que contou com dez monarcas e 34 estados, cada um governado por seus respectivos líderes. A dinastia Achaemenids iniciou esse Império. Persepolis, uma das capitais, foi fundada e construída em um platô por Darius, o Grande. Seu filho, Xerxes, continuou a obra, e outros reis seguiram na cidade. O último rei foi vencido, após seis meses de resistência, por Alexandre, o Grande, que colocou fogo em toda a cidade. Eram sete palácios e três monumentos. Atualmente, as ruínas, algumas bem conservadas, mostram como foi grandiosa essa cidade, sendo, na época, a cidade mais rica da terra.

Em Persepolis, ao lado das ruínas, foi realizada, em 1972, a festa mais cara do mundo, quando o então monarca Sha Reza Palavi convidou os dirigentes mundiais, presidentes, monarcas e primeiros-ministros para comemorar os 2500 anos de monarquia na região do Iran. Uma estrutura com barracas foi montada para receber os convidados, já que a área está localizada em um deserto. A ironia é que, sete anos depois, ele, Reza Pahlavi, teve que fugir por conta da revolução que fundou a República Islâmica em 1979. Um documentário registrou esse evento.

E ali, ao lado de Persepolis, nas montanhas rochosas, está Necropoles, onde vários reis estão enterrados, entre os quais Darius, o Grande, e seu filho, Xerxes. As tumbas foram entalhadas em enormes rochas, com o tamanho de um edifício de cinco andares, e apresentam entalhes em relevo que retratam seus feitos e batalhas.

A mesquita Nasir al-Mulk, conhecida como mesquita rosa, reflete, no interior de um dos salões, cores mágicas e divinas através dos vitrais, proporcionando uma imagem do céu aqui na terra. Muito bonita. A mesquita data de 1876. Os mosaicos têm flores como motivo principal e tornam a mesquita colorida, em um ambiente próprio para as preces e a meditação, o que, aliás, é o objetivo de todos os templos.

Os irmãos Khomeini, que foram retratados no filme *A Revolução*, de 1979, têm suas imagens presentes em todos os lugares: mesquitas, lojas, prédios públicos e grandes cartazes nas ruas. Eles são considerados os líderes supremos do Iran – o primeiro, o ayatollah Ruhollah Khomeini, em 1979, com a fundação da Islamic Republic (República Islâmica), e seu sucessor, o ayatollah Ali Khamenei, a partir de 1989. No Iran, a religião e o Estado estão intrinsecamente ligados

Um último item sobre Shiraz – A fé Baha'i afirma que o último profeta não foi Mohammed, dos muçulmanos, mas sim o profeta Mirza Ali Muhammad (1819-1850), que nasceu em Shiráz, no sul da Pérsia (atual Iran), e que atualmente tem sua sede em Haifa, Israel.

Pasargad – Aqui jaz Cyrus, the Great (aqui descansa Ciro, o Grande). Ele foi o Rei dos Reis. Aqui está seu túmulo, quase intacto. Foi morto na batalha contra os babilônicos. Ele fundou Pasargad, que foi a primeira capital do grande império. Quando Alexandre, também o Grande, finalmente conquistou a área, mandou destruir tudo. Quando o general, com a missão de destruir, chegou ao túmulo, encontrou dentro dele um sarcófago de ouro e uma inscrição: *I am Cyrus, the Great, king of Persia, don't destroy this tomb* (Eu sou Ciro, o Grande, rei da Pérsia, não destrua este túmulo". Ainda sobre Ciro, o Grande, foi encontrado em 1875, na Babilônia (hoje parte do Iran), o cilindro de Ciro (*the Cyrus Clinder*), no qual, em idioma cuneiforme, estava a primeira declaração de direitos humanos, pois em seu império não havia escravos; todos eram pagos, havia licença-maternidade, etc. O cilindro atualmente se encontra no Museu do Louvre.

"Parece tão distante", "parece zona de guerra", "são muçulmanos extremistas", dizem sobre o Iran. Isso é apenas falta de informação. O Iran impressiona por sua história, seu povo gentil, simples e hospitaleiro. Por sua arquitetura colorida, por seu sistema de governo religioso, Salam Aleikum.

Expedição ao Everest
Maio 2013

Em direção à base do Monte Everest, montanha mais alta do mundo, 8.848 metros acima do nível do mar. O nome Everest vem de Sir George Everest (1790-1866), que fez o levantamento trigonométrico e o mapeamento da área.

Gyantse e Shigatse são as duas cidades a caminho da base do Everest. O lago Yamzhog Yumcog, a 4.441 metros acima do nível do mar, é tão enorme que tem uma ilha em seu centro, sendo sagrado para os tibetanos. O Kharola Glacier está situado a 5.560 m, e seu pico é de 7.191 m. São paisagens de tirar o fôlego. No caminho, encontra-se o monastério Pekor Chode. Anexo a ele, há uma estupa com 108 altares, onde cem mil estátuas e murais de Buda estão posicionados.

Outro aspecto singular do povo tibetano, além do enterro celestial (sky burial), é a composição familiar, principalmente na área rural. Poliandria. Em uma família, a mulher tem três ou quatro maridos, normalmente todos eles irmãos, convivendo no mesmo ambiente junto com os filhos. Os filhos não sabem exatamente quem é o pai, e assim chamam todos de pai. O contrário acontece entre um ramo dos mórmons nos United States e entre os muçulmanos. São culturas com costumes diferentes dos que estamos acostumados.

O trajeto de Shigatse até a base do acampamento é de 330 km, sendo 100 km de estrada de chão entre montanhas e zigue-zague, levando mais de 11 horas. Para ir e voltar no dia seguinte, é preciso levar em consideração o limite de velocidade, pois há pontos de fiscalização. Porém, a paisagem e as montanhas, entre elas o Everest – que em tibetano se chama *Qomolangma* –, vistas da base, que está a 5.200 m de altura, compensam o sacrifício. Cheguei ao acampamento à noite e as estrelas estavam iluminando o caminho e o acampamento.

A agricultura familiar é em sua maioria ainda operada tradicionalmente, ou seja, com boi e arado e irrigação manual, o que demonstra que em diversas partes do mesmo planeta as tecnologias chegam de forma diferente e em tempos diferentes.

Viajar é necessário, porque ajuda a entender o mundo em que vivemos e, principalmente, ajuda a entender quem somos, de onde viemos e para onde vamos.

Papua New Guinea
Ago. 2019

Papua New Guinea (PNG), oficialmente Independent State of Papua New Guinea, é independente da Austrália desde 1975. A Rainha Elisabeth é a monarca. Antes, a Austrália e também a Germany dividiram o território. População estimada em 8 milhões. A capital Port Moresby tem população estimada em 370 mil habitantes. O nome vem do Admiral Sir Fairfax Moresby, cujo filho, Capitão John Moresby, descobriu as ilhas em 1873. São mais de 600 ilhas que formam o país. A outra parte da maior ilha continua sendo a Indonésia.

É a última fronteira da terra ainda a ser totalmente explorada. E aqui estou para vir a lugares onde poucos foram para desvendar o mistério destas terras, deste povo, destas culturas que ainda estão livres de influência do restante do mundo.

É um dos países com maior diversidade cultural no mundo e também um dos mais rurais, sendo que somente cerca de 18% da população vive nas cidades. São mais de 800 idiomas locais conhecidos. Acredita-se que existem muitos grupos que não fazem parte do censo, assim como plantas e animais não catalogados. A PNG é considerada um país com economia em desenvolvimento pelo fundo monetário internacional, sendo a mineração um item forte da economia.

A região autônoma de Bougainville de PNG (ARoB, *autonomous region of Boungainville*), ou, ainda, North Solomons, com população de 240 mil habitantes, está em movimento para sua independência. A 1.000 km da capital Moresby, é a região mais remota da PNG. É um destino fora da rota conhecida, e não é fácil chegar aqui.

O pássaro símbolo do país é o *bird of Paradise* (pássaro do paraíso), muito colorido. Algumas das aves estão no santuário dos pássaros em um enorme viveiro, e também há muitas estátuas e emblemas retratando o pássaro por todo o país, inclusive na bandeira.

O Mount Hagan fica na província Western Highlands (WHP). Seu nome que vem do vulcão de mesmo nome, que, por sua vez, vem do oficial alemão Curt Von Hagen. Com cerca de 46.000 mil habitantes, aqui em Mount Hagen acontece anualmente o maior festival cultural, em que as tribos de toda a PNG – mais de 75 tribos – se apresentem e revivem a cultura de seus povos; também é o maior evento turístico do país. A cultura tradicional continua forte na PNG, e atualmente mais ainda, pois impulsiona o turismo. Este foi o meu motivo para ter feito esta viagem; de Porto Alegre até Port Moresby, são quatro voos, sendo o mais curto até São Paulo e depois dois voos de 12 horas, até Istambul e Manila, e mais 5 horas até Moresby.

O que chama atenção no povo, nos adultos, nos jovens, nas crianças, é a alegria em ver turistas. Eles abanam, gritam, pedem para tirar fotos, fazem pose, cumprimentam, puxam conversa, querem ver a foto, e sempre sorrindo, mesmo descalços, sem dentes, sem roupa suficiente. Há um enorme contraste com outros povos, também pobres ou ricos, que não têm a humanidade que percebi aqui. A felicidade deles se percebe no rosto, na alegria, no aperto de mão, no abraço espontâneo. É claro que fazem isso mais naturalmente com os turistas, que para eles são figuras raras.

A infraestrutura também é um contraste. A rede de telefonia celular está no 4G por quase todo o território, enquanto as estradas estão em péssimas condições, muitas ainda sendo estrada de chão. Companhias chinesas estão executando algumas rodovias principais. Por isso todos os carros são 4×4, e a maioria com grades de ferro nos vidros, inclusive no para-brisa, por causa do perigo de assalto nas estradas. Tipo cenas do filme *Mad Max*.

No século XXI, a tecnologia facilita, pois ajuda a tornar o cotidiano cada vez mais fácil; aqui, como em diversos lugares do planeta, essa tecnologia chega somente em partes, como telefonia, automóveis, televisão. É a escravidão moderna.

Fiz uma visita a uma vila no interior de Mount Hagan, nas Highlands, com terras altas, de aproximadamente 500 pessoas, que vivem com água corrente dos riachos, luz do dia e alguns painéis solares para luz. Usam fogo com lenha para fazer comida. Plantam tudo o que comem e ainda vendem. Mantêm viva a cultura dos antepassados. Fomos recepcionados com danças de homens guerreiros, dança das mulheres e homens enfeitados com plantas, folhas de bananeira, arbustos e pinturas no rosto e no corpo, muito coloridas. Impressionante, fantástico, diferente.

A preparação da comida foi da forma como faziam no passado. O porco foi sacrificado na frente de todos, e o fogo foi acesso com fricção de madeira e palha. O porco foi ao fogo inteiro para tirar os cabelos, depois foi preparado para ser enterrado em folhas de bananeira e coberto com pedras quentes pelo fogo. Após algumas horas, foi retirado junto com batatas-doces, bananas e outras raízes. Estilo que é comum nas ilhas da Oceania. No Hawaii, em restaurantes típicos é parte do *show* tirar as carnes enterradas no calor.

As apresentações folclóricas das muitas tribos são a expressão da cultura mantida atualmente por comitês organizadores do Ministério do Turismo, em todo o país, durante o ano todo. Uma das mais populares é em agosto, o Mount Hagan *show*, em seu sexagésimo aniversário, comemorado este ano. Ao todo são 12 festivais a cada ano, pois são muitas tribos e culturas diferentes, e assim se mantém uma agenda o ano todo. O mais importante, o festival Hiri Moale *show*, na capital, em Port Moresby, é comemorado em setembro, mês da independência. Os participantes – os locais, os nativos, homens, mulheres, adolescentes e crianças – são reembolsados pelas despesas de viagem e pela participação em si, sendo esta uma fonte de renda alternativa.

Descrever a apresentação, o modo de vestir, a coreografia, é um desafio. É preciso ver. Fiz vários pequenos vídeos que estão no meu canal do YouTube; uma comparação pode ser feita com o carnaval que ocorre ao redor do mundo, ou com desfiles de grupos étnicos. Aqui é diferente porque é primitivo, é na Oceania, é longe de tudo, é difícil de chegar, e os materiais usados para se vestir são da natureza, de plantas, cipós, flores. Um caleidoscópio de cores, de sons, de música.

Um hábito comum nestas ilhas do Pacífico, e especialmente em PNG, é mastigar o *betel nut*, uma fruta da palmeira areca, que deixa a boca, os lábios e os dentes vermelhos. O efeito é similar ao do tabaco, pois cria dependência, mas também diminui o apetite e aumenta a energia corporal e o senso de bem-estar e euforia. E, por ser mastigado, é necessário cuspir com frequência; portanto, no chão, nas calçadas e nos mais diversos lugares, vê-se as marcas vermelhas do cuspe. São vistas placas indicando proibição de entrar mastigando *betel nut* nos hotéis, supermercados, fábricas e lojas.

É um país tribal, porque a sociedade ainda se rege com base nas relações entre as tribos. A violência entre tribos ocorreu durante o festival, em que um participante foi ferido com uma flecha. Estupros são comuns, e, quando descobertos, a família tenta recompensar a família atingida com algo de valor, e a moeda usada normalmente são porcos.

Na East Highland Province (EHP), na capital Goroka, os mercados a céu aberto em enormes gramados, cobertos com coloridos guarda-sóis, chamam a atenção. O Museu J. K. McCarthy conta a história das pinturas e dos utensílios dos nativos. Uma lenda – que se originou de uma pessoa realmente existente, Nokondi – sobre um homem com um braço e uma perna surgiu na região de Goroka, e aqui eles juram que esse homem existe. Lembra o mascote do Internacional de Porto Alegre, o Saci, de uma perna. A viagem de Mount Hagan até Goroka foi uma aventura; foram 6 horas para fazer 100 quilômetros. A estrada era realmente ruim, pois havia pedaços com asfalto cheio de buracos e outros pedaços de puro chão, e tudo sem acostamento.

A cidade de Madang é um das atrações turísticas mais popular por suas águas límpidas, seus corais e sua beleza tropical. Foi ocupada pelos germânicos, depois pela Austrália e, após a Segunda Guerra Mundial, pelos japoneses. Aliás durante, a Segunda Guerra Mundial, várias ilhas foram base de lançamento de ofensivas dos japoneses. Uma delas é o local de partida da ofensiva contra Pearl Harbour. De Goroka a Madang, a estrada continua a pior possível. O veículo precisa andar em zigue-zague. Foram 10 horas para 315 km. Madang está no mar Bismark, no qual dei um mergulho.

Kokopo e região, na East New Britain Province, foram ocupadas pelos japoneses durante a Segunda Grande Guerra Mundial, e a folia foi a base para as operações japonesas. Em 1994, as cinzas do vulcão destruíram a cidade de Rabaul, quando a capital foi mudada para Kokopo. O museu histórico a céu aberto exibe a artilharia pesada usada na guerra. Notei que, nesta cidade e província, era realizada a limpeza das ruas. É proibido mastigar *betel nut* na cidade, o que colabora muito com a limpeza e os hábitos das pessoas. O Rabaul Cemetery mantém as primeiras baixas da Segunda Grande Guerra nessa região. O navio Montevideo Ravu, com mais de 1.000 pessoas, sendo 850 prisioneiras, foi afundado nessa região pela marinha americana. A guerra, que sempre se diz ter começado na invasão da Germany na Polônia, na realidade teve seu único em 1933 quando os japoneses invadiram a Manchúria, na China, e a partir daí continuou. Os nazistas e fascistas se juntaram ao Japan para conquistar território; deu no que deu, bombas atômicas no Japan. Começou no Japan, terminou no Japan.

É necessário registrar que o canibalismo nesta ilha terminou após a chegada dos missionários europeus, que introduziram o cristianismo. Dos anos 1800 em diante, o inglês foi ensinado desde o primário, assim como o idioma nativo. Uma cerimônia fúnebre é realizada pela família após alguns dias do enterro, quando a família estiver preparada para dar aos familiares um pedaço de Shellmoney, isto é, uma corrente de pequenas conchas do mar, que serve como dinheiro local. Vi uma procissão em que os nativos, com traje e máscara (*maskman*), se dirigiam até a residência da família.

O *bunker* do famoso Admiral Isoroku Yamamoto, celebridade na época da guerra que estava logo abaixo do Imperador em questão de poder, está aqui em Rabaul. Ele, Yamamoto, comandou o ataque a Pearl Harbor. A retaliação foi sua morte, quando seu avião foi abatido após uma mensagem com seu roteiro ter sido decifrada.

Subi o vulcão Tavurvur ainda ativo, que em 1994 destruiu a cidade de Rabaul. É a natureza em ação. A praia a seu redor é morna. Águas de até 70 °C brotam do solo da praia. Imagens e cores incríveis na cratera do vulcão fumegante.

Finalizei essa expedição na Região Autônoma de Bougainville entrando pelo aeroporto de Kieta, que tem um plebiscito para se tornar independente marcado para dia 22 de novembro de 2019. Um comitê da ONU já está presente na região. De lá, dirigimos por 4 horas até o distrito de Siwai, no sul do território, com uma camioneta Toyota 4×4, passando por rios e arroios – onde a água chega a cobrir o capô –, estradas que somente uma 4×4 e um motorista experiente podem enfrentar. O objetivo era observar o modo de vida tradicional, sem energia elétrica e água corrente encanada, mas com água corrente nos arroios e rios e com agricultura de subsistência em uma comunidade tribal. O turismo é incipiente. Aqui é o fim do fim do mundo ou o começo do começo do mundo. É uma aventura 4×4.

Nesse trajeto, a estrada estava enfeitada com flores: nas pontes e em fileiras à beira do caminho, as flores estavam presas em varas de taquara ou em pedaços de bananeira. Motivo: o falecimento de um bispo da região, cujo corpo foi transportado por essas estradas para a sua despedida.

A segunda maior mina a céu aberto ficava aqui: a mina de Panguna. A produção foi interrompida e abandonada em 1989 devido à guerra civil, que resultou na morte de cerca de 10 mil pessoas. Motivo: degradação de recursos naturais e insatisfação dos proprietários das terras. Trata-se de uma montanha enorme que virou um enorme buraco. Os minerais são a maior riqueza da região, e há quem diga que serão explorados novamente após a independência.

O Dr. John Momis, presidente do Movimento da Independência da RAoB, cuja capital é Rabu, e uma equipe de 35 membros estão envolvidos, em colaboração com a ONU, o governo de PNG e países apoiadores, para alcançar essa almejada independência.

Visitei três vilas: Amau, Siroi e Rupumu. Em cada uma delas, houve apresentações de danças, músicas e bandas com instrumentos de bambu, além de comidas típicas e casas de bambu. O turismo está sendo desenvolvido. Em uma caminhada de 2 horas pela mata, descalços devido às trilhas de barro e água, visitamos os destroços do avião abatido do Admiral Yamamoto, aquele que comandou o ataque a Pearl Harbour. Foi uma aventura a pé em contato com a natureza. A ilha POK POK é isolada, com poucos habitantes, uma pousada, peixes na praia, tranquilidade e paz. Lá, é possível encontrar ilhas de areia, refeições com peixes pescados à tarde, *snorkeling* e muito silêncio.

Conhecer e presenciar culturas diferentes, a maneira de viver, a maneira de trabalhar e se relacionar com a natureza, evidencia cada vez mais para este explorador a diversidade do mundo. Conhecer somente sua cultura, do povo onde se nasceu ou de seus ascendentes, é como ler somente poucas páginas do livro da natureza, do livro do mundo. Como metáfora, o livro com mais histórias deveria ser o seu passaporte. É da natureza do ser humano se movimentar, ir a lugares, explorar e, finalmente, chegar aonde ninguém chegou antes e/ou redescobrir lugares onde exploradores já estiveram para ter a satisfação intelectual de conhecer este planeta e, em última instância, conhecer a si mesmo.

Por quê? Porque tudo é uma questão de atitude, porque é mais tarde do que você pensa.

Turkmenistan
Out. 2023

Oficialmente chamado de **República do Turkmenistan**. O sufixo *-stan*, comum nos países da região, significa lugar. O idioma turkmen tem raízes turcas, refletindo a origem do nome: "lugar dos turcos". A população é de 7 milhões de habitantes, com um milhão vivendo na capital, Ashgabat. Extraoficialmente, a população da cidade pode chegar a ser de 2,7 milhões. A religião predominante é o islamismo (93%), seguida pelo cristianismo (6%) e outras minorias. A maior parte da população vive na área rural. Petróleo, gás (quinta maior reserva do mundo) e algodão são os principais propulsores da economia. O **Turkmenistan** está localizado no deserto Karakum.

O país é independente da Russia desde 1991, quando da dissolução da União Soviética. Antes, foi ocupado por vários impérios. A histórica cidade de Merv (atual Mary) já foi a maior cidade do mundo, devido à sua localização estratégica na Rota da Seda. Suas ruínas ainda refletem um passado grandioso. Hoje, o local abriga uma comunidade moderna, com *shoppings* construídos pelo governo e alugados a lojistas.

Para visitar o **Turkmenistan**, o visto precisa ser conseguido antes. No meu caso, a solicitação foi negada na primeira tentativa devido ao surto de Zika no Brasil. Agora vim conferir esse país ainda muito fechado para o mundo atual. Minha primeira impressão foi de que tudo é limpo, limpíssimo. A maioria dos carros é branca, já que as cores permitidas para veículos são branco, dourado e prata. Os prédios geralmente apresentam fachadas de mármore branco e telhados verdes, refletindo as cores da bandeira nacional. Há avenidas largas, supermercados e lojas cheias de produtos e uma única companhia de aviação, Turkmenistan Airlines. Voei até Mary saindo de Ashgabat. O Turkmenistan é governado por uma família dominante, com presidentes frequentemente reeleitos – algo comum em muitos países dessa região e também na Latin America.

Encontrei jovens estudantes, rapazes e moças, todos muito interativos. O segundo idioma falado aqui é o russo, seguido pelo inglês. Uma recepcionista no hotel simplesmente me disse que não vê futuro aqui para a sua filha, que muitos estão saindo do país. Por isso, o censo difere do oficial. Em uma declaração forte, ela disse que somos como animais: acordamos, trabalhamos, comemos, dormimos, e tudo isso se repete. Ela descreveu a rotina como monótona. Apesar da beleza dos prédios e da limpeza das ruas, ela afirmou que tudo não passa de uma fachada. Originária da Russia, também destacou que o acesso ao mundo exterior é limitado: a internet é controlada, com uso restrito a conexões locais ou VPNs autorizados pelo governo. WhatsApp, Facebook, mídias sociais e provedores de *e-mails* são em sua maioria bloqueados. As emissoras de TV disponíveis são locais ou de países da Asia Central.

Por outro lado, a impressão geral ao interagir com pessoas na rua, estudantes, nas lojas e no transporte é de satisfação, talvez por não conhecerem outra realidade e ou outras oportunidades. Algo que chama atenção é o uniforme dos estudantes: meninos e rapazes vestem ternos pretos, enquanto meninas e moças, dependendo da escola, usam roupas vermelhas ou verdes que cobrem todo o corpo, sempre acompanhadas de um lenço na cabeça. Essa vestimenta reflete um aspecto de disciplina e ordem.

Os prédios e monumentos são imponentes, arquitetonicamente arrojados e, em sua maioria, foram construídos por empresas da Turquia e da France, assim como a maioria dos prédios condominiais. As estátuas são majoritariamente de fabricação local. Um exemplo curioso é a "Enlightenment Wheel", uma roda-gigante instalada dentro de um prédio. No dia de nossa visita, ela estava funcionando, mas tanto o parque de diversões quanto as avenidas largas estavam vazios, com poucos veículos em circulação, exceto na área central. Os prédios novos em mármore branco foram todos construídos após 1991, depois da Independência. Os condomínios residenciais, tanto de casas quanto de apartamentos, seguem um padrão único: cores uniformes, projetos idênticos e sincronizados. No aeroporto, um pássaro gigante se destaca, o que está presente na nota de dinheiro de um manat. ==Já os prédios dos ministérios têm características que os identificam com suas funções: o Ministério da Cultura, por exemplo, tem a forma de um livro aberto, enquanto o das Relações Exteriores ostenta um globo terrestre no topo.==

O Palácio para Casamentos é uma casa de festas enorme, com decorações diferentes e a foto do presidente no local das fotos oficiais. O conceito de festa civil em substituição à cerimônia religiosa foi introduzido no período da União Soviética. A foto do presidente está por toda parte nas lojas, em enormes painéis luminosos.

A viagem de 4×4 Toyota até a cratera de gás Darvaza, conhecida como *Gates of Hell* (Portões do Inferno), foi uma aventura, porque o veículo trafegou em alta velocidade, apesar das condições precárias do asfalto. Em 1971, ao tentarem eliminar o gás acumulado, atearam fogo, esperando que tudo queimasse em poucos meses. Contudo, o fogo ainda arde intensamente, 52 anos depois. A enorme cratera, com profundidade significativa e chamas altas, é um espetáculo impressionante. National Geographic e outras companhias estiveram aqui para ver soluções para apagar o fogo, mas nenhuma chegou a uma solução viável. Assim, a cratera continua a ser um ponto turístico surreal, localizado a cerca de quatro horas de Ashgabat. A visão é tão única que me fez pensar em um altar do zoroastrismo, onde o fogo eterno é um símbolo central. No entanto, a exploração acidental de gás acabou dominando.

O Ashgabat Mall, o *shopping* mais recente, é o maior e mais iluminado da cidade, especialmente à noite. Com um *design* moderno e ousado, ele ainda está relativamente vazio, pois o governo criou o espaço e espera que, gradualmente, ele seja ocupado. Ashgabat é uma das cidades mais iluminadas, competindo com Las Vegas. A energia é produzida com o abundante gás. É um desafio entender o país em poucos dias. Perguntei ao guia local os prós e os contras do país, ao que ele respondeu que não esperasse que ele comentasse algo contra seu país. No carimbo de registro no passaporte está o número 1931, ou seja, em 2023, esse foi o número de pessoas que entraram no país, incluindo visitantes oficias de governos e diplomatas. Ou seja, poucos turistas vêm ver esse estranho, recluso, branco e verde país, ex-república da URSS, com governo ditatorial, na Asia Central, no deserto de Karakum e com história milenar.

Cavalos e cães são os animais tradicionais no Turkmenistan. São os animais que habitam aqui. Existem clubes equestres e hipódromos gigantes em forma de cavalo no centro da capital, bem como lugares para adestramento de cães. Estátuas e painéis com representações desses animais são comuns. Uma das raças mais puras de cavalo vem dessa região. Assim como outras culturas admiram cangurus, águias, gorilas e pássaros, os turcomenos celebram seus cavalos e cães.

No caminho para Balkanabat, passei por Kowata e Nokhur, um vilarejo/cidade puramente islâmico que resistiu à ocupação da União Soviética, preservando suas tradições. No cemitério, os túmulos são decorados com os chifres de ovelhas de raças raras, criando um panorama com muitos chifres atrás das lápides. A região também abriga uma gruta profunda, com 76 metros de extensão em uma montanha, onde águas sulfurosas atraem turistas e moradores locais. O interior do país é evidentemente diferente: tem alguns carros de outras cores, é muito rural e é primitivo no comércio. Predominam as cores branco e verde.

Balkanabat, com seus 150 mil habitantes, está localizada a 400 km da capital e segue o mesmo padrão arquitetônico de construções brancas e verdes. No centro, encontram-se a estátua e o monumento do primeiro presidente, Saparmurat Nyyazov. Em Arkadag, os locais imediatamente interagiram com o grupo, pois turistas são raros. Fora de Ashgabat, os turistas devem estar acompanhados dos guias, ou seja, não é possível circular sozinho pelas ruas da cidade. O procedimento é idêntico, porém muito mais rigoroso, ao da DPRK (North Korea).

Arkadag, uma nova cidade quase concluída, está sendo construída como um modelo de modernidade e tecnologia, totalmente digital. Da rodovia, avista-se o enorme estádio de futebol.

O Canyon Yangykala impressiona porque identifica os níveis do mar no passado, ao mesmo tempo que a chuva e o vento desenham uma obra de arte da natureza.

Um dos símbolos marcantes da região é a figura de dois quadrados entrepostos, formando uma estrela de oito pontas. Esse símbolo remonta à tribo de Oguz Khan, de onde descendem a maioria das pessoas da região, composta de 24 tribos. Esse símbolo está na bandeira do país, nas grades das casas e em vários países de origem dessa tribo.

O último registro dessa aventura é sobre o Circo (Siriki). Na frente do hotel onde fiquei hospedado, havia um *show* circense à moda antiga, com animais, palhaços e equilibristas. Circus e Pane. É uma fonte de diversão para o povo, as famílias e as crianças, pois o entretenimento aqui é raro. O circo é uma companhia oficial do governo. Visitei também o Museu National, guardião da história do país, com artefatos centenários e milenares.

Essas são as minhas aventuras nas terras da Asia Central, no deserto de Karakum. Em alguns dias, descobri esse mundo e o divido com você, aqui e agora, com fotos e vídeos.

Por quê? Porque é mais tarde do que você pensa. Porque viajar faz bem para a saúde, para a cultura pessoal. O tempo urge. Afinal de contas, tudo é uma questão de **atitude**.

Islamic Emirate of Afghanistan
Mar. 2024

Afghanistan, oficialmente Islamic Emirate of Afghanistan, é o país 154 desta grande aventura. Antes da ascensão do Taliban, era conhecido como Taliban Islamic Republic. Tem uma população de 40,1 milhões de habitantes, sendo a capital, Cabul, a maior cidade, com 4,4 milhões de pessoas. Essas terras antigas têm testemunhado muitas campanhas militares desde a Antiguidade. As mais notáveis foram realizadas por Alexandre, o Grande, Chandragupta Máuria (primeiro imperador da India), Genghis Khan (presenciei em Ulaanbaatar as celebrações dos 800 anos de Genghis Khan) e, mais recentemente, a União Soviética, os United States, a OTAN e, atualmente, o Taliban, um grupo conservador que busca promover a paz por meio da aplicação rigorosa da lei islâmica sunita.

Desde a retirada dos United States e da OTAN em 2020, decretos limitaram os direitos de liberdade das mulheres, proibindo meninas de frequentar a escola secundária e excluindo as mulheres do mercado de trabalho e de espaços públicos, como parques e academias, além de imporem a elas casamentos arranjados. Vim aqui para conferir e conhecer a realidade *in loco*. Consegui o visto em Islamabad em quatro horas. No aeroporto, os estrangeiros se registram e recebem um cartão de identificação para o período da visita. Nos hotéis e aeroportos, são realizadas constantes revistas a cada entrada ou saída. A segurança aumentou, a liberdade diminuiu. Cada povo, e este em especial, que já testemunhou tantas mudanças, está se adaptando à força para essa nova situação. O fracasso da União Soviética, dos United States e dá OTAN contribuiu para esse recomeço.

De Cabul, viajei até Ghazni, localizada a 93 km da capital. O trajeto de carro levou cerca de quatro horas. Com uma população de 270 mil habitantes, Ghazni está situada a 2.219 metros acima do nível do mar e fica ao longo da rodovia 1, que liga Cabul a Kandahar. A cidade tem uma herança cultural rica, incluindo os famosos minaretes de Ghazni e as ruínas do palácio do Sultão Masud. Os minaretes, feitos de tijolos, datam do século XII e atraem tanto arqueólogos quanto turistas. Minha visita ocorreu no inverno, e a abundância de neve conferiu um cenário único ao lugar, embora seja algo comum para os moradores.

Kandahar, com população de 650 mil habitantes e situada a 1.010 m acima do nível do mar, é a segunda cidade do Afghanistan. É o centro espiritual do Taliban. Embora a capital seja Kabul, aqui estão o líder supremo e seus assessores espirituais, por isso de fato é chamada de capital. Fomos ao gabinete do ministro da Cultura e Turismo, que nos forneceu um passe livre através de um documento manuscrito e carimbado por ele.

Acredita-se que o manto do profeta Maomé (*cloak of Muhammad*), criador do Islamismo, está na Mesquita Kirka Sharif, em Kandahar. A tumba de Ahmad Shah Durrani (fundador do Estado moderno do Afghanistan) está ao lado. Foi ele quem trouxe o manto de Bukhara. O manto teria sido usado no ano 621 em sua jornada noturna e ascensão ao céu. Isso é creditado ao museu em Istambul, onde sutras são recitados 24 horas por dia. Também visitei a tumba de Mirwais Hotak, líder que libertou o Afghanistan do Império Persa em 1741.

Nada é simples no Middle East e na Asia Central. Desde a minha presença neste planeta ouço falar dos conflitos nessa área. Para contextualizar: o Oriente Próximo inclui países como Saudi Arabia, Catar, Turquia e Israel; já o Extremo Oriente abrange Japan, China e Mongólia.

A saída desastrosa dos United States e da OTAN em 2021 deixou uma marca profunda. Quem não se lembra daquela cena no aeroporto de Cabul, com pessoas desesperadas penduradas em um avião decolando? Foi por esse mesmo aeroporto que entrei, vindo de Istambul pela Khan Air. O povo afegão, sofrido historicamente, parece estar recomeçando do zero. A infraestrutura básica é precária – a energia elétrica é frequentemente interrompida, e muitos estabelecimentos dependem de geradores próprios. A educação, especialmente para meninas, enfrenta um futuro sombrio sob o regime do Taliban. O Afghanistan é uma terra com a história sob seus pés, um presente sofrido e um futuro incerto.

Tudo isso leva aqueles que têm as mínimas condições a emigrar. As únicas embaixadas presentes no país são as do Pakistan e do Iran, o que representa um enorme desafio. Fui questionado, assim como outros do grupo, sobre vistos para trabalho no Brasil e em outros países. "Meu objetivo é sair do país. Se não conseguir, vou me formar na universidade aqui e fazer o melhor possível", relatou o guia que nos acompanhou.

Apesar da situação difícil, o contato com as pessoas locais é muito amigável. Elas demonstram alegria genuína, perguntam de onde venho, se estou gostando do Afghanistan, e muitas vezes me convidam para tomar chá em suas casas, sempre alegres. Atribuo essa alegria ao alicerce religioso, pois o islamismo é praticado com grande dedicação.

A presença do Taliban é constante, com fiscalização intensa. É como se estivéssemos no "Check Point Charlie" de Berlim o tempo todo. A polícia do Taliban frequentemente pede para conferir nossos documentos, inclusive quando caminhávamos em grupo pelas ruas.

Em Cabul, a Mesquita Sakhi Shrine, construída em 1621, chegou a abrigar o manto do profeta Maomé por algum tempo. Outra importante construção histórica é a Mesquita Shah Jahan, finalizada em 1747. Shah Jahan foi um dos imperadores mongóis mais influentes de sua época. O mercado de rua na cidade é uma verdadeira explosão de movimento: pessoas, motos, barracas e produtos de todo tipo disputam espaço. É uma cena caótica, mas vibrante, que se assemelha a um espetáculo. A informalidade é enorme, mas é assim que muitos encontram seu sustento.

==Segui para Mazar-i-Sharif, capital da província de Balkh e quarta maior cidade do país, com 500 mil habitantes. A cidade é famosa pelo Blue Shrine of Hazrat Ali, uma magnífica mesquita em tons de azul que é um importante local de peregrinação. É considerada a mais bela, grande e importante mesquita do Afghanistan.==

Na província de Balkh, visitei a cidade homônima, que tem uma longa história de mais de 2.500 anos. Lá estão as ruínas da primeira mesquita do Afghanistan, a *Noh Gonbad Mosque*, construída no ano 794 d.C. Esse é o mais antigo monumento islâmico da Asia Central, erguido sobre as fundações de uma antiga estupa budista. É impressionante perceber que, desde tempos imemoriais, o ser humano constrói templos para venerar deuses, pedir bênçãos ou encontrar conforto espiritual.

Ainda em Balkh, observei as ruínas de um antigo muro de barro que cercava a cidade, além de vestígios da ocupação de Alexandre, o Grande. Também visitei as ruínas da casa do poeta Rumi, que nasceu em 1207 em Balkh. Embora ele tenha falecido em Konya, na Turquia, e o país reivindique seu legado, suas raízes estão aqui.

Na província de Samangan, visitei uma impressionante estupa budista esculpida na rocha, de cima para baixo, na montanha. Ao lado, outra montanha abriga grutas cavadas na rocha, que eram utilizadas como locais de oração.

Concluo esta aventura pelo Afghanistan. Desde que o Taliban assumiu o controle, comparo a situação do país a uma chaleira de água fervendo: a água evapora, a chaleira seca, o fogo continua, e a chaleira, inevitavelmente, ficará preta e começará a derreter. Mais cedo ou mais tarde, acredito que alguma revolução ocorrerá novamente.

Com esta jornada, completei minha visita aos países terminados em "-stan": Kirkistan, Kazakhstan, Uzbekistan, Turkmenistan, Tajikistan, Pakistan, Afghanistan. Cada um com suas culturas, hábitos, religiões, vestimentas, tradições, cores, culinária, pensamentos, rostos, hospitalidade e alegrias. Um contraste fascinante com o que estamos acostumados na América de Vespúcio.

Por quê? Porque viajar faz bem à saúde e expande a compreensão da geopolítica do planeta e porque o tempo urge.

Por quê? Porque tudo é uma questão de *atitude*.

Islamic Republic of Pakistan
Fev. 2024

Pakistan, o país número 153 desta grande aventura, é lar de 240 milhões de habitantes oficialmente. Karachi, a maior cidade, tem 20 milhões de habitantes. Lahore, famosa pela cerimônia da Guarda na fronteira com a India, também abriga 20 milhões de pessoas. Islamabad, a capital, tem uma população de 1,2 milhão. Lahore é conhecida como a "Cidade dos Jardins", um legado das construções realizadas pelo Império Mogol. O país, com registros arqueológicos que datam de seis séculos antes de Cristo, possui terras antigas marcadas por várias civilizações.

O comércio de rua é vibrante, com produtos de todos os tipos, desde passarinhos até móveis. Os transportes variam amplamente, incluindo motos adaptadas, milhares de *tuk-tuks* coloridos, ônibus e caminhões personalizados – sempre lotados de passageiros. Apesar do caos aparente, há uma certa ordem no trânsito. As pessoas são receptivas e fáceis de interagir.

A maioria da população pratica o islamismo. Os chamados para as orações, transmitidos pelos minaretes das mesquitas, acontecem cinco vezes ao dia. O islamismo oferece aos seus praticantes não apenas um exercício espiritual, mas também físico: as genuflexões, os movimentos de deitar-se, levantar-se e curvar-se ajudam a manter o corpo em forma, enquanto as orações guiam pensamentos e ações de acordo com os princípios islâmicos.

Independente da India desde 1947, em função de questões religiosas e disputas territoriais, como a do território da Caxemira, a relação entre os dois países permanece marcada por animosidade. Os cidadãos do Pakistan não podem visitar a India. A região, ao longo dos séculos, foi ocupada pelos mogóis, *sikhs* e britânicos.

Os sítios da Unesco e os monumentos no Pakistan são legados dessas civilizações. Turistas visitam o país não apenas para explorar sua atualidade, mas também para conhecer as heranças deixadas por essas ocupações.

Assim como Mahatma Gandhi é considerado o mentor da nação indiana, Mohammed Ali Jinnah é o fundador do Pakistan. As imagens de ambos podem ser vistas nos prédios onde ocorre diariamente a cerimônia de abertura da fronteira em Lahore. Nesse ritual, soldados dos dois lados apresentam um *show* coreografado que simboliza a relação entre as duas nações.

Embora o Everest, no Himalaia tibetano, seja o pico mais alto do planeta, com 8.848 metros, o Pakistan tem cinco montanhas acima de 8.000 metros, incluindo o K-2, com 8.611 metros.

A rota mais famosa do mundo é a Rota 66, de Chicago a Los Angeles; aqui, a rodovia Karakoram é considerada uma das mais belas e perigosas do mundo. Construída em parceria entre os governos do Pakistan e da China, é a rodovia pavimentada mais alta do mundo.

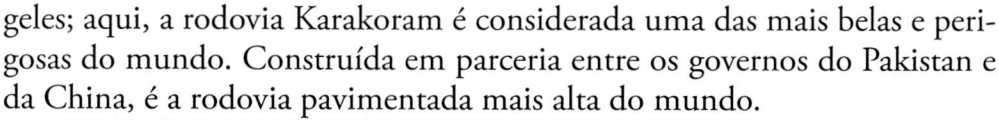

A mina de sal Khewra, localizada entre Islamabad e Lahore, foi descoberta durante a campanha indiana de Alexandre, o Grande. Seus cavalos doentes lamberam as pedras salinas e se curaram, levando à exploração da área. Durante o reinado do imperador mogol Akbar II, a mina ganhou a forma que tem hoje. Conhecida também como mina de sal Mayo, é a segunda maior do mundo, atrás apenas da mina de sal em Goderich, Ontário, Canadá. Dela, é extraído o famoso sal rosa do Himalaia, exportado mundialmente. Um centro turístico foi criado em 2002, tornando a mina uma das principais atrações do país.

Atrações visitados nesta aventura: Wanda Border Ceremony, Shalamar Gardens, Jahangirs Tomb (Mongol Imperor), Hiran Minar, Lahore Fort (Shees Mahal), Delhi Gate, Takht-E-Babri, Safa Garden, Khewra salt Mine, Shri Katas Raj Temples, Kallar Kahar, Peshawar (Sethi House), Quesada Kiwanis Bazaar, Mahbat Khan Mosque, Baab e Khyber (Khyber

Gate) na fronteira com o Afghanistan além da Mesquita Faisal, do Monumento do Pakistan em Islamabad e da área arqueológica e Museu de Taxila.

O país é dividido em quatro províncias: Sindh (Karachi), Punjab (Lahore), KPK (Peshawar) e Balochistan (Quetta). Islamabad, a capital federal, é uma região autônoma. O Pakistan tem muitos lugares com costumes e tecnologia manual e primitiva. Por outro lado, nas capitais das províncias e na capital distrital, Islamabad, há metrôs, ônibus, edifícios modernos e estradas com pedágio e muito bem conservadas.

De natureza exuberante e de costumes únicos, essa terra, que já foi de muitos, atualmente tem o desafio de oferecer à sua superpopulação condições e oportunidades para uma vida digna.

Viajei para conhecer, ver e não comparar. Cada povo tem sua trajetória e seu momento de ouro, alguns se aproximando, outros se mantendo e outros se afastando desse momento. São ciclos culturais, financeiros e territoriais. Assim é na vida de cada ser deste planeta.

Por quê? Porque tudo é uma questão de atitude.

Saudi Arabia
Mar. 2023

KSA – The Kingdom of Saudi Arabia, país governado pelas leis do Alcorão. A capital é Riyadh, e o país conta com 36 milhões de habitantes. As maiores cidades são Riyadh, com 8 milhões de habitantes, e Jeddah, com 4 milhões. A economia do país é baseada no petróleo, e a família real está entre as mais ricas do mundo. O país está em transformação desde 2019, quando abriu as fronteiras para o turismo e as mudanças culturais. A visão do governo para 2030 é preparar o país para receber 100 milhões de turistas e preparar um legado gigantesco.

O maior edifício do mundo está em construção, com 1.000 m de altura, projetado para estar pronto em 2029. *Jeddah Economic City is coming.* Outro projeto de destaque é The Line, uma cidade horizontal planejada para abrigar 9 milhões de pessoas ao longo de 170 km, localizada em NEOM. O nome "NEOM" combina a palavra grega *"Neo"* (novo) e a palavra árabe *"Mustakbal"* (futuro), significando "novo futuro".

O complexo em NEOM é uma das maiores construções em andamento no mundo, comparável, em escala, às pirâmides do Egypt e à Grande Muralha da China. Enquanto no passado grandes obras foram erguidas aos poucos, hoje, com avanços tecnológicos, surgem edifícios gigantescos, represas colossais e cidades inteiras planejadas – e NEOM é o melhor exemplo disso.

Os imperadores da China já acordaram faz décadas. Os emires dos Arab Emirates se atualizaram. Os faraós do Egypt ainda continuam dormindo. Os reis da Saudi Arabia estão acordando, e, com o atual rei, o país vai participar da evolução cultural, turística e tecnológica. Muitos reinados pelo mundo não adormeceram. Em contrapartida, as democracias atuais, que constituem a grande maioria dos países, estão muito vivas, enfrentado o representante dos czares.

A religião oficial da Saudi Arabia é o islamismo. A maioria da população é sunita, com uma minoria xiita. Em Jeddah, o Ministério da Cultura, por meio do museu de Arte Islâmica, localizado próximo ao aeroporto, promove a divulgação da história, da arte e das práticas do islamismo.

As experiências do *tour* da saigatours.com foram em Tabuk, Wadi Al Disah, Alula, Ha'il, Jubbad e Riyadh.

Tabuk é uma cidade no norte do país. De lá, seguimos para Wadi Al Disah, um oásis entre montanhas. Muitos turistas exploram a natureza em veículos 4x4, celebrando a vida com piqueniques ao estilo árabe.

Alula é uma das cidades mais antigas da Península Arábica, com uma rica história. Era parte da rota da seda e do incenso. O local abriga Hegra, o primeiro sítio da Unesco na Saudi Arabia, com mais de 110 túmulos esculpidos em rochas há mais de 2.000 anos pela civilização nabateia, a mesma de Petra. Uma vila histórica já foi demarcada para futuras escavações arqueológicas. É uma extensão da civilização de Petra, em Omã. A civilização se expandiu 600 anos antes da era cristã.

A cidade, no meio do deserto, impressiona com suas montanhas, cânions, formações rochosas e clima seco, contrastando com ruas cheias de flores e palmeiras irrigadas. A cidade é modernizada, estando preparada para receber os novos turistas que estão chegando nas Arábias. Uma aula ao ar livre sobre como os beduínos usavam as estrelas para se orientar foi uma experiência memorável, com direito a observar a lua e os planetas com lunetas potentes.

Hail, com mais de 600 mil habitantes, está a 400 km do deserto. Um castelo de adobe, construído em uma colina há 150 anos, era o forte da cidade. Jubbah, localizada próximo a Hail, abriga a mais famosa arte rupestre da região, com registros de 9.000 anos. Mensagens dos antepassados permanecem até hoje. Ao redor deste planeta, mensagens desse tipo ecoam na atualidade.

Da estação de trem em Hail até Riyadh são quatro horas de viagem. A estação e o trem são modernos. A metrópole tem 8 milhões de habitantes. A Kingdom Tower é uma das atrações arquitetônicas.

A sede da Aramco, empresa petrolífera que opera o maior poço de petróleo do mundo em terra e o maior em mar, é em Riyadh. Tudo começou em 1939, quando o primeiro petróleo foi exportado para os United States, no governo de Franklin D. Roosevelt (FDR). O resto é história. Hoje, a empresa é quase integralmente controlada pelo governo saudita e é a companhia mais valiosa do mundo.

Essas são as minhas aventuras nas terras das mil e uma noites; em oito dias, descobri esse mundo para mim e o divido aqui com você, com fotos e vídeos.

Por quê? Porque é mais tarde do que você pensa. Porque viajar faz bem para a saúde e para a cultura pessoal. O tempo urge. Afinal de contas, tudo é uma questão de atitude.

Bangladesh (158/192UN e 31/192UN)
Nov. 2024

Com uma população superior a 170 milhões, Bangladesh é um dos países mais densamente povoados do mundo, devido ao seu território pequeno. Sua capital, Dhaka, é a maior cidade do país, com 23 milhões de habitantes. O país é predominantemente islâmico, com 91% da população seguindo o islamismo. Bangladesh tornou-se independente do Pakistan em 1971.

As referências 158/192 e 31/192 referem-se ao número de países visitados por mim e Lauren do total dos países da United Nation, que são 192. No dia 5 de agosto de 2024, uma revolução liderada por estudantes da universidade resultou na derrubada do governo autoritário de Sheikh Hasina, que fugiu do país de helicóptero. Hasina havia retornado ao poder em 2009 e permaneceu como primeira-ministra até essa revolução. Desde a independência, o país enfrentou uma sucessão de governos, incluindo períodos de regimes militares. Em conversas com jovens no pátio da Universidade, eles demonstraram a esperança de que haja uma futura eleição e uma nova constituição. Mais de 2.000 estudantes foram mortos nesse episódio, assim como mais de 300 militares. Há pinturas nas paredes da universidade com símbolos e palavras de resistência.

Entre os estudantes, o entusiasmo pelo futebol é evidente. Muitos são fãs da seleção brasileira e decoram as ruas com bandeiras do Brasil durante os jogos da Copa do Mundo, transmitidos em telões para a população.

Em Sremongol, conhecido por seus enormes campos de chá, visitamos as vilas de tribos originais, que vivem em autoisolamento e proteção. Cada vila tem seu próprio administrador, responsável por coordenar as atividades das famílias e a produção artesanal de chá, roupas feitas em teares manuais, frutas e verduras. A subsistência é a base de suas economias.

Cox's Bazar, uma cidade litorânea banhada pelo mar de Bengala, é famosa por ter uma das orlas mais extensas do mundo, comparável à de

Cassino, no Rio Grande do Sul. A pesca é a principal atividade local, com destaque para a produção de peixe seco, que é uma especialidade regional. Barcos muito antigos de madeira dos mais diversos formatos são as ferramentas dos pescadores, que ficam semanas em alto-mar. O processo de conserto de redes e secagem do peixe ao sol é intenso e se tornou uma atração turística.

A diversidade religiosa é um dos destaques de Bangladesh. Budistas, hindus, cristãos e muçulmanos vivem lado a lado. Em Cox's Bazar, é possível visitar templos budistas impressionantes, com estátuas de Buda deitado, estupas e templos hindus. Há também igrejas e locais históricos de outras tradições religiosas.

A cerca de uma hora de Dhaka, Panam Nagar é uma cidade histórica que data do século XIII, conhecida por suas construções dos mercadores de algodão hindus. É um ponto turístico local com pouca presença de visitantes estrangeiros. Suas ruas e prédios antigos parecem congelados no tempo, preservando a história da região. Ainda em Dhaka, as principais atrações turísticas incluem a igreja da Armênia, de 1781, o Palácio Kela Laibach, o templo Hindu Sree Sree Dakeswari e o palácio Rosa Ahsan Manzil.

Usamos o serviço de Fahad Ahmed (+880 1975-328601), que fez um excelente trabalho. Ele é fotógrafo, cinematógrafo e guia turístico.

Geografia, história, prédios históricos antigos, práticas religiosas, vestimentas coloridas e diferentes, costumes e comidas típicas. A Asia é diferente. Ela se destaca pela simpatia das pessoas. Não acostumados com estrangeiros, as pessoas de lá são curiosas e não têm vergonha de se aproximar para conversar. Espontaneidade pura, alegria pura, tanto das crianças como dos adultos. Explore você também este mundo.

Por quê? Porque tudo é uma questão de atitude.

India – The best of Southern India
Nov. 2024

O sul da India difere bastante do norte. As vacas, animais sagrados na India, circulam livremente no norte, mas em menor quantidade no sul. A India, com uma população de 1,4 bilhão de habitantes, é extremamente populosa. Cidades com mais de 1 milhão de habitantes são consideradas pequenas. Exemplos de grandes metrópoles incluem Delhi (33,8 milhões), Mumbai (21,6 milhões), Kolkata (15,7 milhões), Bangalore (14 milhões) e Chennai (12 milhões).

Este tour – The best of Southern India (o melhor do sul da India) – passa por três estados: Kerala, Tamil Nude e Karnakata. A India tem 28 estados e 8 territórios. Assim como o Brasil, a India tem várias regiões distintas culturalmente. São mais de 121 idiomas falados e suas variações, o que totaliza mais de 1.600 das 5.000 línguas do planeta todo. A religião tem uma papel central na vida cotidiana na India. O estado não tem religião oficial. Oito religiões são as principais: hinduísmo, islamismo, cristianismo, sikhismo, budismo, jainismo, zoroastrismo e judaísmo. O número de 330 milhões de deuses e deusas impressiona. É necessário registrar que a maioria são nomes diferentes do mesmo deus.

Em Kochi, cidade portuária, logo se percebe a influência da colonização portuguesa pela praça Vasco da Gama. Há muitas igrejas, fruto da ocupação pelos portugueses. Em Sultan Bathery, visitamos as cavernas de Edakkal, com gravações nas pedras que datam de 6.000 mil anos atrás. A igreja Syro Malabar, do rito latino, se destaca no centro da cidade. Também se destacam as igrejas de ritos católicos específicos: a Syro-Malabar, de rito latino, e a Syro-Malankara, que combina elementos da arquitetura russa e cristã.

Em Mysore, o majestoso Palácio Mysore, construído entre 1897 e 1912, é a segunda atração turística mais visitada da India, após o Taj Mahal. Uma parte do palácio ainda é ocupada pelos descendentes dos antigos marajás (ou "Grandes Reis"). A Igreja Catedral São José e Santa Filomena é uma réplica da catedral de Colônia da Germany, assim como a igreja em Santa Cruz do Sul, no Rio Grande do Sul.

Mysore é centro de escolas de yoga. Professores e alunos vêm para se credenciar para dar aula em seus países. É também o centro de fabricação de incenso, óleos essenciais e seda.

É minha quarta viagem à India, pois é um país enorme. Desta vez, obtive a melhor das impressões. Como sempre, as pessoas estavam alegres e dispostas a conversar. Percebo um genuíno entusiasmo pela vida. Perguntei a um motorista de *tuk-tuk* se ele estava feliz, ao que ele respondeu: "Às vezes sim, às vezes não, mas assim é a vida" – disse tudo.

Visitei a loja maçônica Mysore 34 da Grande Loja Regional do Sul da India e fui calorosamente recebido pelo Dr. Thomas Eapens. Há 22 mil maçons na India, dos quais 17 mil vivem no sul. O sul é mais desenvolvido no ensino.

Fiz esse *tour* acompanhado da minha filha, Lauren Hans. Fizemos duas viagens de trem. Nas estações, os são trens limpos e na maioria das vezes pontuais. No estado de Tamil Nadu, em Mamalapuran, há diversos templos em granito, monolíticos, com esculturas de deuses e animais; simplesmente maravilhosos e bem-conservados. A bola de manteiga de Krishna (*Krishna butters ball*), uma enorme pedra de granito equilibrada em cima de outra, desafia a gravidade. São 32 sítios na India protegidos e nominados pela Unesco como patrimônio da humanidade. Esse é um deles.

Em Puducherry, um território que manteve a influência francesa até 1962, encontramos um bairro inteiro com arquitetura europeia. A cidade costeira é conhecida por ciclones anuais e foi fortemente atingida pelo *tsunami* de 2004. O filme *The Life of Pi* deu visibilidade à cidade. Puducherry abriga o Ashram de Sri Aurobindo, fundado em 1926, um local de peregrinação espiritual situado na antiga India Francesa.

Em Madurai, a cidade mais antiga de Tamil Nadu, visitamos o Templo Meenakshi Amman, dedicado a Shiva, famoso por suas quatro enormes torres esculpidas. O Palácio Thirumalai Nayakkar, de 1659, e a Catedral de Santa Maria, com sua fachada azul e branca, também são destaques. Festivais anuais lotam a cidade; o templo e a religiosidade indiana milenar simplesmente surpreendem os visitantes do Ocidente. A Loja Maçônica Pandyan, de 1890, da Grande Loja da India, tem 134 anos, desafiando o tempo.

Thekkady, em Kerala, é uma região famosa por suas especiarias, especialmente a pimenta preta. As clínicas ayurvédicas são populares, oferecendo tratamentos terapêuticos que surpreendem pela técnica. Em Alleppey, um passeio de barco pelos *backwaters* revelou a tranquilidade da vida longe das grandes cidades. Em Thekkady, uma cidade menor, fizemos o tratamento em uma clínica e fiquei mais uma vez surpreendido com a técnica.

A nossa acomodação em um *resort* em Alleppey e o passeio de barco nos *backwaters* mostraram a tranquilidade da vida afastada das grandes aglomerações, sempre constantes na India.

Em uma última visita a Kochi Fort, fomos à igreja de San Francisco, erigida pelos frades que acompanhavam as expedições portuguesas. Lá está o túmulo de Vasco da Gama, que esteve, além de no Brasil, três vezes na India, país no qual morreu, em sua última viagem, em 1524. Após sua morte, seus restos mortais foram levados para Lisboa. Cruzeiros de grande porte, como Royal Caribbean, tem Kochi Fort em seu roteiro.

Viajamos em dupla, eu e a Lauren Baptista Hans, que veio da British Columbia, e nos encontramos em Kochi. Foi uma experiência incrível, inesquecível, emocionante, agradável.

O que foi mais relevante nessa viagem: primeiro, a companhia da minha filha Lauren, segundo, o jeito de ser do indiano. As crianças se aproximam, querem saber da onde você é, pedem para tirar foto. Os adultos acenam de longe e são os primeiros a estender a mão para puxar uma conversa. Os vendedores de rua são alegres. Lembro-me de um vendedor de restaurante que, ao saber que já havíamos jantado, disse sorrindo: "Tudo bem, então. Quando tiver fome novamente, venha amanhã ou depois de amanhã, obrigado". E, por fim, os lugares, os templos, as cidades, as vilas, o movimento intenso nas ruas, o trânsito caótico, as buzinadas.

Cada um deixa o que traz e leva daqui muita alegria, o colorido da vida, simpatia, espontaneidade, sinceridade, entusiasmo, espiritualidade e uma ótima impressão das pessoas, do lugar, do país.

A vida é efêmera. Colecionar carimbos dos mais diversos países deste planeta certamente proporciona um entendimento mais amplo deste mundo, bem como satisfação intelectual, espiritual, existencial.

Por quê? Porque tudo é uma questão de atitude.

ÁFRICA

Kilimanjaro – Gorilla Adventure
Jan./Fev. 2019

Não sei o motivo para esta aventura. Poderia ter ficado em casa, na rotina normal, com conforto, ou fazer algo diferente, como tenho feito nos últimos anos. E é o que estou fazendo novamente. O voo da Ethiopian Airlines, em um Boeing 787, durou 12 horas e 11 minutos até Addis Ababa, sem turbulências. Um pernoite em Addis foi necessário, já que a conexão para o próximo voo demoraria mais de oito horas – período em que a companhia aérea fornece hospedagem em hotel. De lá, segui para Maputo, capital de Moçambique.

Portugal, Brasil, Moçambique, Guinea-Bissau, Cape Verde e São Tomé e Príncipe são os países que falam português. Moçambique foi descoberta em 1498, durante as viagens de Vasco da Gama, e tornou-se independente de Portugal em 1975. O país tem uma população de 29 milhões de habitantes, sendo que a região da grande Maputo concentra 2,8 milhões.

O português falado aqui é ligeiramente diferente, mas não tanto quanto o de Portugal. É muito mais parecido com o do Brasil. Assistindo à TV local, parece praticamente igual ao que estamos acostumados. É uma experiência estranha estar tão distante e ouvir seu idioma sendo falado ao redor. A China – sim, a China – construiu e inaugurou em novembro de 2017 a maior ponte da cidade, que cruza o canal do mar Indico, ligando Maputo a Katembe, com pedágio. O Hotel Gloria, o maior hotel-cassino da cidade, também foi construído pelos chineses. Ele se destaca na avenida beira-mar, com leões na entrada e inscrições em português e chinês.

A avenida beira-mar foi revitalizada pelos chineses, organizando o trânsito e criando áreas para estacionamento, barracas, pistas de caminhada e lazer. Além disso, um bairro chinês está sendo construído em Maputo, refletindo o padrão observado em diversos países africanos, onde os financiamentos chineses vêm ganhando espaço.

Na praça da independência, o edifício da prefeitura, a estátua de Samora Machel, o revolucionário da Independência de Portugal, a Catedral Branca e o Jardim Botânico formam um conjunto magnífico no centro da cidade.

O tipo de comércio e de serviços de rua, nas calçadas e em quiosques demonstra a falta de estrutura e de condições dos empreendedores, que sobrevivem a cada dia, não conseguindo sair desse círculo vicioso. Falei com alguns rapazes, que disseram que "não existem empregos suficientes, estamos aqui vendendo produtos". Camisas são estendidas no chão como exposição, e há máquinas de costura nas calçadas para concertar roupas. É um panorama de dificuldade. O ministro das Finanças está preso devido a contratos ocultos, em que o governo avalizou empréstimos enquanto ele embolsava dinheiro.

Fora da cidade, visitei o balneário de Macaneta, a cerca de duas horas de Maputo. O acesso é feito pela nova ponte (também construída pelos chineses) e, em seguida, por uma estrada de terra em péssimas condições. Mas a recompensa compensa: uma praia de mar aberto, limpa e cercada por *resorts*. Isso contrasta com as praias da cidade, que são poluídas.

"Moçambique é um dos piores países do mundo no desenvolvimento humano, segundo a ONU. A luta contra a pobreza e o acesso à saúde e a educação tem de ser uma prioridade nacional", segundo a revista *Exame*.

Próximo a Moçambique, está o Reino de Eswatini (antiga Suazilândia), cuja capital, Mbabane, fica a apenas 170 km de Maputo. O atual rei, Mswati III, celebrou em 2018 seu aniversário de 50 anos junto aos 50 anos de independência do United Kingdom. Ele segue a tradição de seu pai, Sobhuza II, que governou por 82 anos e teve 182 esposas. Mswati III já tem 18 esposas, cada uma com seu próprio palácio, financiados pelos impostos dos súditos e por propinas de negócios estrangeiros.

Com uma população de 1,3 milhão de habitantes, Eswatini é visivelmente mais desenvolvida que Moçambique. A cerimônia mais sagrada da nação, chamada INCWALA, acontece em dezembro, com a chegada das primeiras frutas. Nesse ritual, segundo as tradições tradição Swazi, os súditos juram obediência ao rei. Também há o recolhimento de água pura pelos rapazes virgens da comunidade.

Malawi tem uma população de 18 milhões de pessoas. Colonizada pelos britânicos em 1891, tornou-se independente do United Kingdom em 1964. Sua capital, Lilongwe, tem cerca de 1,2 milhão de habitantes. O país está na lista das nações menos desenvolvidas do mundo. O primeiro presidente e herói da independência, Kamuzu Banda, dá nome ao aeroporto principal. Seu mausoléu está localizado ao lado do Parlamento.

O comércio de rua é marcante: móveis e esquadrias de ferro são fabricados de forma artesanal, e ambulantes oferecem produtos nas filas de carros no trânsito. Isso reflete a precária situação econômica do país. É interessante registrar que, mesmo em meio a tantas dificuldades, a telefonia celular com internet está bastante presente aqui. É a maneira que esse povo tem de se sentir um pouco incluído, mas ao mesmo tempo é o que os prende na ratoeira do consumo das comunicações. Antigamente, a torre principal era a da igreja. Hoje, as torres mais importantes são as torres de comunicação.

Cerca de 80% da população vive da agricultura de subsistência, especialmente do cultivo de milho, que é o alimento principal. Ao viajar pelo interior, plantações de milho dominam a paisagem. É comum encontrar milho assado ou fervido sendo vendido em tendas improvisadas ao longo das estradas. Os principais produtos de exportação incluem gado, peixe, tabaco, chá e açúcar. A maioria dos veículos no país são de segunda mão, importados do Japan.

O Lago Malawi, o quarto maior lago de água doce do mundo, é um recurso vital para muitas famílias. Ele fornece peixes, água para lavar roupas e utensílios e é utilizado para banho, além de ser um atrativo turístico. Uma viagem de três horas de carro até Cape Clear, no município de Mangochi, leva a uma região famosa por seus peixes exclusivos, pontos de mergulho, pequenas ilhas e um ambiente de paz.

O Kenya tem 49 milhões de habitantes. A capital, Nairobi, tem uma população metropolitana de 6,5 milhões. O país conquistou sua independência do United Kingdom em 1963. A maioria da população segue o catolicismo, mas o islamismo também está presente.

O trânsito de Nairóbi é caótico, e é comum ficar parado por 30 minutos ou mais. Apesar disso, o Uber funciona muito bem, e a gentileza das pessoas ao prestar informações impressiona pela precisão, semelhante ao estilo britânico.

O *show* de danças cultural Bomas of Kenya é fantástico, pois as danças, os tambores, as vestimentas e os cantos trazem ao palco as culturas de todas as tribos da região, do passado e do presente. Há também uma vila anexa ao teatro, onde as choupanas recriam as casas dos povos primitivos.

O mercado semanal Masai é vibrante e colorido, reunindo produtos artesanais das diversas tribos. As negociações de preços tornam a experiência ainda mais única. No parque da cidade, além da vegetação, macacos interagem com os visitantes, subindo nos ombros deles e posando para fotos.

Visitei e participei de uma loja maçônica da District Grand Lodge of East India, que abrange os países Kenya, Seicheles, Uganda e Tanzania. A loja Hibernia Lodge, nº 749, que opera na Scottish Constitution, se reúne nove vezes ao ano. Fui recebido como se estivesse em minha loja, provando mais uma vez a internacionalidade da fraternidade.

A United Republic of Tanzania (República Unida da Tanzânia) tem uma população de 55 milhões de habitantes. Sua capital, Dodoma, conta com 400 mil moradores. O país tornou-se independente do United Kingdom em 1961. A Tanzania abriga o Kilimanjaro, a montanha mais alta da África, um vulcão adormecido com 5.895 metros de altitude, que foi a principal atração desta viagem. O objetivo era chegar ao topo, caminhando lentamente. A jornada começou na cidade de Moshi, e a rota escolhida foi Lemosho, conhecida por ser a mais cênica e longa, com duração de oito dias. Entre as montanhas mais altas, está o Everest, com 8,848 metros, seguida da Aconcágua, com 6.961 metros.

Há opções de diversas rotas, com graus de dificuldade diferentes e períodos de aclimatização mais curtos ou mais longos. Escolhemos a rota Lemosho, com maior período de aclimatização (nove dias), para evitar o mal de alturas e garantir a chegada ao topo.

Os acampamentos ao longo da subida têm estrutura simples, com barracas e refeitórios improvisados, além de banheiros precários. O último acampamento, Barafu, é o ponto de partida para alcançar o pico Uhuru, que significa "liberdade", nome dado na época da independência do domínio britânico.

A subida final começou à meia-noite, no escuro, com lanternas presas à testa, enfrentando frio, vento e cansaço extremo. Vestido com todas as roupas possíveis, incluindo capuzes, luvas e aquecedores, percorri o trecho final de oito horas, seguido por três horas de descida por outro caminho. Foi um verdadeiro desafio físico e mental, mas a emoção de alcançar o topo é indescritível. É preciso ter persistência e atitude positiva, mesmo que o corpo reclame.

No dia 31 de janeiro de 2019, às 8h da manhã, alcancei o pico do Kilimanjaro, a 5.895 metros acima do nível do mar. Meu certificado tem o número 10.6704. Dos 12 membros do nosso grupo, um não conseguiu completar a jornada.

A caminhada para alcançar o cume do Kilimanjaro é dividida em seis bases. Portanto, a cada dia percorrem-se alguns quilômetros por terrenos desafiadores: florestas densas, pedras soltas, rochas íngremes, subidas e descidas que parecem intermináveis. No total, são 64 km até a saída do parque. Diariamente, a equipe de apoio mede os nossos níveis de oxigênio e a nossa pulsação, determinando se é seguro continuar a subida.

Por que subir uma montanha? Cada pessoa tem sua própria motivação. Alguns buscam se conectar ao divino, como se o poder das alturas representasse um poder superior. No meu caso, como sempre se diz que o poder vem das alturas, que o poder divino vem do alto, a ideia de estar a 5.895 metros acima do nível do mar – o mais alto que já alcancei com meus próprios pés e esforço – era simbólica. Embora de avião já tenha estado a 15.000 metros, subir a montanha representou um desafio físico e pessoal. Foi uma forma de provar para mim mesmo que era capaz. Além disso, subir montanhas tornou-se uma tendência, muitos amigos já haviam passado por essa experiência, e eu quis vivê-la também, em um país diferente, adicionando mais um marco ao meu currículo.

O parque nacional do Kilimanjaro, oficialmente aberto ao turismo em 1977, tem recebido em média 25.000 turistas anualmente. Essa aventura foi realizada por meio da G Adventures, uma empresa credenciada para explorar o parque. É obrigatório ter o suporte de uma companhia especializada. Nosso grupo de 12 pessoas contou com uma equipe de apoio composta de 40 profissionais, incluindo líderes, cozinheiros, responsáveis por banheiros portáteis, carregadores de bagagens e montadores de barracas. Eles sempre seguiam à frente, preparando tudo. Uma verdadeira operação logística.

Outro destino inesquecível foi o Serengeti National Park, na Tanzania, cujo nome significa "terras planas sem fim". Criado em 1951, é mundialmente conhecido pela migração anual de 1,5 milhão de gnus e 250.000 zebras. O povo Maasai, da região de Mara, preserva seus costumes tradicionais, vivendo de alimentos naturais e medicinas à base de ervas e vestindo trajes coloridos, especialmente as mulheres, que usam colares vibrantes. Entre as 120 tribos da Tanzania, os Maasai são a segunda mais populosa e também a que menos sofreu influência da modernidade, em comparação com algumas tribos no interior do Brasil.

Visitei também o Lake Manyara National Park, próximo à cidade de Mto wa Mbu, cujo nome significa "rio dos mosquitos". Lá, avistei macacos, elefantes, zebras, hipopótamos, águias, gnus e muitas aves. No caminho para o Serengeti, passamos pela Área de Conservação de Ngorongoro, uma região de 8.200 km² onde humanos e animais convivem em harmonia. O destaque é a cratera de Ngorongoro, uma caldeira vulcânica que abriga cerca de 25.000 animais em 260 km² – um verdadeiro zoológico a céu aberto.

No Serengeti, passei duas noites em tendas cercadas pela vida selvagem, e mais uma noite na área de conservação. Dormir em meio à natureza, com leões, leopardos, elefantes e girafas ao redor, foi uma experiência incrível.

No Parque Serengeti os animais vivem soltos, protegidos e em grande número. Contudo, os caçadores clandestinos têm invadido o parque, abatendo elefantes, entre outros. Vi grupo de girafas com mais de 50 animais, antílopes aos milhares, hipopótamos às centenas, *wilderbeast* aos milhares. A natureza está sendo mantida intacta através de Parques Nacionais.

Uganda, conhecida como Republic of Uganda (República de Uganda), tem uma população de 44 milhões de pessoas, sendo Kampala, sua capital, lar de 1,5 milhão. Independente desde 1962, Uganda está entre os países mais pobres do mundo, enfrentando desafios como corrupção endêmica. Placas em rodovias alertam: "Você está entrando em uma zona de corrupção zero. Não pague propina para ninguém".

O país abriga metade dos gorilas-das-montanhas, um dos mamíferos grandes mais raros do planeta, encontrados somente nessa região da Africa. Para visitar os parques, é necessária uma licença especial, pois o número de turistas é limitado. Buscar os gorilas, ver eles de perto e fotografá-los foi sensacional. O Bwindi National Park é acessado por uma estrada de chão muito precária, somente alcançável com veículos 4×4. A rota designada para mim foi Ruhinja, a 2.340 metros acima do nível do mar, sendo a mais popular, uma vez que as licenças se alternam nas diversas rotas, pois o acesso é limitado.

Nos últimos 20 anos, devido ao trabalho de conservação, a população dos gorilas tem aumentado. Talvez eu e você não sintamos a diferença no desaparecimento de uma espécie, mas nos beneficiamos pela diversidades de criaturas extraordinárias neste planeta. Penso que, para cuidarmos de nós, temos de cuidar do planeta e das espécies. Somos todos conectados – humanos, flora e fauna –, e todos fazemos parte do todo. Isso foi tão bem mostrado no filme *Avatar*. A perda de uma espécie é uma lágrima no tecido humano e na vida natural. Atualmente, a população é de 600 gorilas.

Na floresta, viviam pigmeus, mas eles foram transferidos para que os gorilas possam viver em paz. A comunidade de pigmeus é de cerca de mil. A entrada na floresta foi dramática, pois ela é fechada. Após uma hora caminhando, recebemos a notícia de que uma família de gorilas foi localizada; mais quinze minutos e ali estavam, brincando e se alimentando. Os gorilas de chão, um pouco maiores e com um rosto menos parecido com o dos humanos, estão somente nas florestas no Congo (DRC).

Cheguei à cidade de Entebbe, voando do Aeroporto Kilimanjaro pela Air Tanzania em um Bombardier 400. De lá, viajamos por nove horas, percorrendo 600 km até o Engenzi Lodge, na vila de Kataara, que oferece uma vista espetacular da savana. A partir desse ponto, seguimos para o Queen Elizabeth National Park, onde realizamos um *game drive* e avistamos leões, impalas e búfalos. Depois, navegamos pelo rio Kazinga em um barco, observando centenas de elefantes reunidos, além de hipopótamos e búfalos dentro d'água. Aves de diversas espécies também se alinhavam ao lado dos outros animais, formando uma cena inesquecível.

O parque recebeu esse nome em homenagem à visita da Rainha Elizabeth, da England, em 1954, antes da independência de Uganda. Ela retornou ao país em 2007. Foi uma experiência incrível, assim como conhecer o maior lago da região, o Lake Victoria, que também leva o nome de uma monarca britânica, a Rainha Victoria. Uganda é, sem dúvida, um paraíso de fauna e flora em abundância.

Durante a viagem, passei pela linha do Equador e vi um monumento que sinaliza essa linha imaginária.

Visitei Rwanda, ou Republic of Rwanda (República da Ruanda), independente desde 1962, com 11,2 milhões de habitantes, cuja capital é Kigali, com 1,1 milhão. A guerra civil em Rwanda, na década de 1990, resultou na morte de cerca de 800 mil pessoas. Hoje, turistas são atraídos para ver os gorilas-da-montanha. Atualmente, o inglês predomina em relação ao francês, embora ainda seja comum encontrar nomes de lojas ou placas de indicação em francês. O distrito de Bubera, na fronteira com a Democratic Republic of Congo (DRC), às margens do lago Kivu, sustenta-se principalmente da pesca e da fábrica da Heineken.

As ruas estão sempre cheias de pedestres, muitos transportando mercadorias em bicicletas e motos ou equilibrando cargas na cabeça. As lojas apresentam uma arquitetura uniforme, com um avanço e colunas na fachada, que formam uma extensão do prédio. Fui informado de que esse estilo arquitetônico foi introduzido pelos indianos em Uganda e acabou se espalhando pela região. Na fronteira, é necessário lavar as mãos e passar por um detector de temperatura, que mede a febre apontando para a orelha, como parte do controle contra o Ebola.

O Museu do Genocídio, localizado em Kigali, capital de Rwanda, relembra os acontecimentos de 7 de abril de 1994, quando os hutus perpetraram o massacre contra os tutsis. O museu destaca o papel fundamental da igreja cristã católica nesse genocídio. Discursos de um bispo incentivaram a segregação que culminou no massacre. Igrejas, que deveriam ser refúgios para os tutsis, foram palco de matanças, muitas vezes com a colaboração de padres, que chamavam os hutus para atacar. Situações semelhantes ocorreram em estádios. A frase famosa após o Holocausto, "Nunca mais", infelizmente não foi aplicada nesse caso, nem em outros genocídios que ocorreram posteriormente. Alguns padres foram julgados e presos, mas ainda mantêm o título eclesiástico. João Paulo II, papa na época, permaneceu no papado por mais 20 anos sem tomar medidas efetivas. A igreja, que deveria estar ao lado dos pobres, muitas vezes age conforme seus próprios interesses, demonstrando uma moral e ética seletivas. Além disso, a pedofilia entre padres, frequentemente abafada ou resolvida com simples transferências, é outra mancha em sua história. Essa postura seria inadmissível em qualquer grande organização, mas, na Igreja Católica Apostólica Romana, com sede em Roma, parece ser tolerada.

Na Democratic Republic of Congo (DRC), com uma população de 90 milhões e capital em Kinshasa (15 milhões de habitantes), visitei a cidade de Goma, na fronteira com Rwanda, localizada na província de North Kivu, com 1,5 milhão de habitantes. A cidade é marcada pelo vulcão Nyiragongo, ainda ativo, cuja última erupção, em 2002, destruiu metade de Goma. A DRC conquistou sua independência da Bélgica em 1960, e seu idioma oficial é o francês. O histórico de erupções do Nyiragongo inclui os anos de 1822, 1912, 1920, 1928, 1977 e 2002.

A parte norte de Goma, devastada pela erupção de 2002, foi quase totalmente reconstruída. O solo, composto de material vulcânico, fornece pedras de diferentes tamanhos, amplamente utilizadas na construção de casas e muros. Como um formigueiro que se reorganiza após a destruição, os moradores de Goma reconstruíram suas vidas, promovendo até mesmo o turismo relacionado ao vulcão. Entre as pedras vulcânicas, cultivam-se feijão e hortaliças, aproveitando o solo rico em minerais. Já a parte sul da cidade é mais desenvolvida, limpa e organizada, próxima ao lago Kivu.

O turismo na DRC está em crescimento, embora a exigência de visto desestimule alguns viajantes. O país tem um grande potencial turístico, com atrações como os gorilas no Parque Nacional Virunga, safáris na savana e visitas ao vulcão. Goma, cidade fronteiriça, oferece infraestrutura adequada para receber turistas. No entanto, em maio de 2018, dois turistas britânicos foram sequestrados durante a subida ao vulcão, e o *ranger* que os acompanhava foi morto. O episódio prejudicou o turismo, mas, em fevereiro de 2019, o vulcão foi reaberto com medidas adicionais de segurança. A principal atração é o maior lago de lava incandescente do mundo, com 500 metros de diâmetro.

O símbolo da cidade de Goma é o *chukudu*, um grande carrinho de madeira, semelhante a um patinete, utilizado para transportar todo tipo de carga. Uma réplica de bronze está exposta na praça central. Recentemente, a oposição venceu as eleições presidenciais no país, e aguarda-se uma abertura maior do mercado e a melhoria das condições de vida para a população. O mundo é igual.

Minha aventura na Africa, percorrendo oito países, foi singular. Já visitei 17 dos 55 países do continente. Cada nova nação é uma experiência de exploração e descoberta. Até agora, tudo ocorreu conforme o esperado, sempre surpreendente. Enquanto escrevo este artigo, estou no sistema de transporte aéreo em Kigali, a caminho de Porto Alegre, com conexão em Addis Ababa. Espero ter inspirado você a fazer suas jornadas para lugares onde você nunca esteve. Assim como nos episódios de *Star Trek*. "*Space: the final frontier. These are the voyages of the starship Enterprise. Its continuing mission: to explore strange new worlds. To seek out new life and new civilizations. To boldly go where no one has gone before*". Ou, para mim: "*Earth: our planet, on a voyage expedition to places I never have gone before*" (Terra: nosso planeta, em uma viagem de expedição para lugares aonde eu nunca fui antes).

Meu pai costumava caçar, e eu o acompanhava nas tardes de domingo. Depois, ajudava a limpar as penas das aves e a carregar os cartuchos. Minha mãe preparava a passarinhada. Isso era algo normal na época. Meu pai amava os animais, a natureza, e sempre assistia a filmes com temas relacionados. Apesar de nunca ter ido à Africa, faço esta viagem em memória dos meus queridos pais, Léo Hans e Selita Lídia Hans, que me proveram tudo e dos quais me lembro diariamente.

Lendo um artigo sobre o que fazer da vida após os 60 anos, vi sugestões variadas, como: aprender algo novo (vou fazer um curso de mágica), cultivar a própria comida (isso, não), acampar no mato (sim, no Kilimanjaro), ter um animal de estimação (não, ele morreria de fome), fazer novos amigos (sim), fazer algo louco (sim, como escalar uma montanha ou atravessar o mar revolto do Estreito de Drake rumo à Antártica), voltar a ser criança (não, porque nunca deixei de ser), fazer uma viagem terrestre (sim, de Chicago a Los Angeles de moto) ou apresentar-se em público (Shii, Dale Carnegie Courses, *already trained for*).

Acho que vou ter que acrescentar minhas sugestões para após os 60: dirija somente carros conversíveis, antes que não consiga renovar a habilitação; pilote uma moto escutando *country music* no Spotify; voe ao redor do mundo pela Star Alliance e frequente os *lounges* e tome banho em todos os aeroportos; quando em Istambul, fique um dia ou uma noite inteira no Star Alliance Gold Lounge e coma a pizza feita na hora; viaje de navio pelo mar e pelos rios e descubra as mais diferentes cidades portuárias; e, finalmente, fique em casa sem fazer nada, fazendo sua comida, assistindo a Netflix, Sky e YouTube, cuide do seu jardim e da pintura da casa, faça festas com a família, faça alguns negócios para não perder a prática e aventure-se novamente pelo mundo.

Viajar é para sempre. Viaje pelo mundo. Veja mais. Veja lugares, veja pessoas, veja mais o mundo, veja a diversidade dele.

Por quê? Porque tudo é uma questão de atitude, e porque é mais tarde do que você pensa.

Ethiopia – Lalibela
Jan. 2014

Lalibela era o nome do rei, líder religioso, arquiteto e chefe construtor das muitas igrejas monolíticas que deram origem à atual cidade de Lalibela. O nome significa "Mel de Abelha", pois, ao nascer, um enxame de abelhas envolveu seu corpo, reconhecendo-o como um futuro líder.

A igreja de São Jorge, a mais famosa, ganhou destaque na mídia por divulgar essas igrejas construídas nas montanhas de granito. Escavadas de cima para baixo, elas formam um conjunto de 11 igrejas. Tudo isso foi realizado no século X. O rei Lalibela viveu 96 anos. Essas igrejas nunca foram totalmente abandonadas e, em 1970, a Unesco as reconheceu como patrimônio da humanidade, impulsionando o turismo. E foi assim que chegou minha vez de vê-las ao vivo. Lalibela, junto a Axum, é uma das cidades mais atrativas para turistas por sua importância religiosa.

Impressionante. Várias igrejas são conectadas por túneis. Passei de uma igreja a outra por um túnel de 70 metros, completamente escuro, que simboliza a transição do mal para o bem, do inferno para o céu, ou o início de uma nova vida. No final do túnel, a luz do dia representa esse novo começo.

Um dos mosteiros, localizado na montanha mais alta da cidade, a 3.800 metros acima do nível do mar, é a igreja mais antiga e a primeira construída pelo rei e líder religioso. Ainda hoje, atrai peregrinos locais e internacionais, com o mesmo propósito: mostrar que o poder espiritual vem do alto. Eu acrescento que ele também vem do alto da intuição, do conhecimento e da aplicação disso com persistência e inteligência. Esse mosteiro é conectado a outra igreja na planície por um túnel de 4 km.

No caminho para o Asheten Mariam Monastery, logo cedo, em um trajeto de 7 km por caminhos estreitos, é comum ver pessoas e crianças das vilas distantes e das montanhas descendo com produtos nas costas: madeira, lenha, grãos, paus inteiros de eucalipto, além de suas mulas carregadas. As crianças, além dos cadernos, levam algo para vender após as aulas, antes de subir novamente para casa.

Em todos os lugares, os contrastes estão presentes: pobreza e riqueza, dificuldades e oportunidades. Habtamu Araya, empresário em Lalibela, compartilhou sua história. Ele também carregava lenha para vender no caminho da escola, mas, à tarde, em vez de pedir esmolas, trabalhava como ajudante em uma oficina. Em vez de gastar com bebidas, economizava para continuar seus estudos. Hoje, formado em administração, abriu uma loja e um restaurante típico com a ajuda de microcrédito do governo. Aos 26 anos, vive com dignidade e excelentes perspectivas ao lado de sua família. Isso mostra que a riqueza ou a pobreza dependem de ideias, atitudes, iniciativas e persistência, mesmo em condições adversas como as da Ethiopia.

A Ethiopia, ainda em recuperação após o fracasso do regime comunista, enfrenta a pobreza agravada pelo clima e por governos passados. No entanto, recebe atualmente ajuda de diversos países, como Japan e China, e de organizações como a Fundação Melinda & Bill Gates, que patrocinam estudos para melhorar a produção rural, ajudando a combater a fome e as doenças.

Fui a duas festas de casamento. As pessoas se reúnem o dia inteiro, após a cerimônia na igreja, para tomar cerveja local, comer e conversar o dia todo. Um dos noivos será padre da Igreja Ortodoxa da Ethiopia, e, para isso, é obrigatório estar casado. Já para cargos como o de bispo, exige-se o celibato.

Muitas histórias bíblicas estão representadas nas igrejas. As entradas para as igrejas são estreitas, permitindo a passagem de apenas uma pessoa por vez. O caminho para o inferno é amplo, enquanto o caminho para o céu é estreito e em aclive, sem apoios laterais. Há também uma passagem estreita, em forma de buraco de agulha, que simboliza que é mais fácil um camelo passar por ela do que um rico entrar no reino dos céus.

Uma curiosidade: hoje é 14 de janeiro de 2014. Pelo calendário da Ethiopia, é 5 de junho de 2006. O horário também é diferente. Outros países da Africa mantêm calendários distintos devido à data em que ouviram falar do nascimento de Jesus, oito anos depois do ocorrido. Essa data coincide com o nascimento do futuro rei Lalibela, e assim a tradição permanece.

Por quê? Porque somente viajando se conhece o mundo e porque tudo é uma questão de atitude.

Madagascar – Antananarivo
Maio 2018

Madagascar é a quarta maior ilha do mundo, precedida apenas por Groenlandia, Nova Guinea e Borneo. O país, oficialmente chamado de Republic of Madagascar (República de Madagascar), adota um regime republicano unitário semipresidencialista. Seu atual presidente, Hery Rajaonarimampianina, está concorrendo à reeleição, enfrentando outros cinco candidatos.

O país tem uma população de aproximadamente 24 milhões de habitantes, e a capital Antananarivo abriga cerca de 2 milhões de pessoas. Os idiomas oficiais são o malgaxe e o francês, sendo o inglês pouco difundido. Madagascar conquistou sua independência da France em 1960.

A popularidade dos filmes de animação da DreamWorks ajudou a tornar o nome Madagascar conhecido mundialmente, impulsionando o turismo no país. Entre as atrações mais famosas, estão os baobás, as famosas árvores mencionadas no livro *O Pequeno Príncipe*. A avenida dos baobás, em Morondava, a 700 km de Antananarivo, é um ponto turístico imperdível, especialmente ao amanhecer ou ao pôr do sol, momentos ideais para fotos. Apesar de sua beleza, a infraestrutura rodoviária do país é precária, dificultando o acesso a muitos locais, como experimentei ao fazer o trajeto de carro.

Em Madagascar, há muitos parques nacionais, florestas e praias. O animal mais famoso e que não existe em outro lugar deste planeta são os lêmures, ameaçados de extinção. Os lêmures tornaram-se ainda mais conhecidos graças ao personagem King Julien da animação *Madagascar*.

Durante a viagem até Morondava, passei por diversas cidades, como Behenjy, Antananarivo, Antsirabe e Niandrivazo, onde pernoitei no Hotel Baobab. Os mercados locais chamam atenção: espaços vibrantes e informais, onde se vendem desde carnes e roupas até produtos eletrônicos. As cenas lembram mercados da India, da Latin America e de regiões do norte e nordeste do Brasil.

As condições de vida em Madagascar são marcadas por desafios significativos. Muitas pessoas caminham descalças, a higiene é precária e a poluição é visível. A expectativa de vida é de apenas 60 a 65 anos. A infraestrutura também é limitada: há frequentes cortes de energia elétrica, e o acesso à água potável é restrito e caro. A busca diária por água faz parte da rotina, com pessoas, principalmente as mulheres, carregando baldes e galões na cabeça, em motos ou em carrinhos.

As estradas são esburacadas e perigosas à noite. O asfalto frequentemente se torna uma extensão das casas, sendo usado para secar grãos, brincar ou montar pequenos comércios. Postos de controle policial são comuns, com oficiais usando uniformes variados, influenciados por estilos franceses e africanos.

Se a North Korea está atrasada em cerca de 50 anos em termos de tecnologia e técnicas para agricultura, indústria e comércio, por ser uma economia fechada, Madagascar está atrasada em mais de cem anos. A agricultura é primitiva, e quase tudo é feito a mão com ferramentas simples: foice, enxada, pás e mãos. Contudo, um aspecto não está tão atrasado: o de telecomunicações. Celulares 4G e de fibra ótica estão disponíveis nas mais remotas tribos. Aliás, é assim que se pode classificar a vida no interior, vida tribal. As tribos mantêm seu próprio estilo de arquitetura, construindo cada uma um tipo de casa.

A avenida das *boa babs*, ou árvore da vida, é impressionante. As enormes árvores, muitas com mais de 30 metros de altura e idades que podem ultrapassar mil anos, formam uma impressionante alameda, Comparáveis às sequoias em grandiosidade, os baobás são um exemplo notável do poder da natureza.

Desde a minha chegada e durante a estadia, fui alertado a não andar sozinho, não sair à noite, não mostrar meu celular ou câmera e a estar em constante alerta, pois assaltos são comuns aqui.

Os lêmures, símbolo da ilha e conhecidos pelo rabo listrado de preto e branco, são encontrados nos parques nacionais e em um conservatório próximo a Antananarivo. Ágeis, dóceis e carismáticos, esses animais encantam visitantes e são um dos principais ícones da fauna de Madagascar.

A capital, Antananarivo, com 1,6 milhão de habitantes, tem como destaque no centro a histórica Estação de Trem Soarano (Soarano Train Station, ou Gare de Soarano), construída em 1908. Atualmente, a estação é usada apenas para transporte de cargas. O caos observado nas vilas do interior também é evidente na capital, refletindo a luta diária por mantimentos e água. É comum ver pessoas coletando peixes com as mãos em plantações de arroz ou lagos, assim como buscando lenha para cozinhar a refeição do dia, exemplos da rotina de sobrevivência local.

Apesar das limitações, das dificuldades e da falta de governança que mantêm grande parte da população em condições precárias, os malgaxes encontram felicidade em sua própria maneira de viver. Focados no presente, eles priorizam a sobrevivência do dia a dia, sem grandes preocupações com o passado ou o futuro. A falta de planejamento é uma característica marcante, com os acontecimentos se desenrolando de forma espontânea. Nas áreas rurais, onde vive cerca de 90% da população, as famílias, que dependem da terra para sobreviver, costumam ter seis ou mais filhos.

Perguntei a um senhor se a mecanização da agricultura não é desejada, já que eles continuam nesse sistema primitivo de fazer praticamente tudo com as mãos. Ele explicou que, além das limitações financeiras, há uma crença cultural e religiosa de que o sustento vem do esforço físico e do trabalho manual. Na réplica, perguntei se isso tinha a ver com a religião cristã, a filosofia judaico-cristão, que ensina que é do suor que vem o sustento de cada um. De certa forma sim, foi a resposta dele.

A última rainha de Madagascar foi Ranavalona III, cujo Palácio Real ainda se encontra na colina principal da capital, conhecida como Anta (abreviação de Antananarivo). O palácio, vazio atualmente, serve como um marco histórico, relembrando o Reinado de Merina, que durou de 1540 a 1897. Após a derrota da rainha pelos franceses, em 1897, o país permaneceu sob domínio colonial até a independência, em 1960. Hoje, Madagascar mantém um bom relacionamento com a France, que deixou o território pacificamente.

A agricultura e o modo de vida em Madagascar me impressionaram por sua simplicidade e arcaísmo, superando em atraso outras regiões que já visitei, como Lhasa, no Tibet, e Lalibela, na Ethiopia. Enquanto lugares como a Europe, os United States e Singapore estabelecem rigorosas normas de limpeza e sustentabilidade, em Madagascar, materiais que seriam descartados em outros lugares são reutilizados.

Ainda assim, há uma pequena parcela da população que é rica, composta de indivíduos que fizeram fortuna com pedras preciosas, ouro e comércio.

As religiões predominantes incluem o cristianismo, com católicos, luteranos, episcopais, mórmons e diversas igrejas pentecostais. Curiosamente, edifícios históricos, como os antigos cinemas Ritz e Rex, no centro de Antananarivo, foram convertidos em igrejas evangélicas. Durante minha visita a uma catedral, presenciei uma escola de estudos bíblicos, onde todos estavam vestidos com roupas de domingo, revelando uma conexão entre fé e rotina diária.

O mundo é igual, apenas mudam os personagens. Até a moda persegue os mais longínquos recantos. As calças rasgadas nos joelhos e em outras partes da perna também são comuns aqui.

O nome "Madagascar" por si só já soa exótico, e o país, em muitos aspectos, parece estar congelado no século XVIII. A maioria da população vive em um regime de sobrevivência diária, sem acesso à educação de qualidade ou oportunidades que permitam um salto econômico. É uma experiência única, quase atemporal, que transporta os visitantes a um século passado.

Visitei a Grande Lodge National de Madagascar, localizada em Antananarivo, na Lot 330FM, Morondava – Antehiroka. Consagrada em 2009, seu templo foi inaugurado em 2011 pelo Grão-Mestre TRF Soumoudronga, com quem tive o privilégio de interagir em eventos maçônicos internacionais. As fotos desses eventos serão disponibilizadas em um *link* do Drive em separado.

Apesar dos desafios, Madagascar caminha para conquistas importantes. Por exemplo, enquanto a Ethiopia recebeu o certificado de erradicação da poliomielite em 2017, Madagascar estava prestes a receber o seu em 2018, segundo o Dr. Koffi Kouadio, da World Health Organization (WHO), com quem conversei no avião. A poliomielite ainda persiste em algumas regiões do mundo, mas esses avanços oferecem esperança.

Madagascar é um convite para reflexões. Durante minha estadia em um *hostel*, tive a oportunidade de trocar experiências de vida com companheiros de quarto vindos de países como Iran, France e Sri Lanka. Descobri que, em meio a realidades tão diversas, há sempre um denominador comum: a busca por felicidade.

Para encerrar, uma última reflexão:

Se você já explorou países com organização cartesiana, como os da Europe, United States, Japan, Austrália ou Nova Zelândia, seja em hotéis, excursões ou por conta própria, ainda falta vivenciar o turismo no chamado terceiro mundo.

Após visitar 114 países, posso afirmar que lugares como Ethiopia, North Korea, Somaliland, Madagascar, Lhasa, no Tibete, India, China, Tailandia, Laos, Vietnam, Nepal, Buthan, Myanmar, Indonésia e outros seguem décadas atrás das tendências globais. Alguns estão 50 anos, outros até 100 anos atrasados em relação aos padrões e fatores estabelecidos pela ONU. Nesses lugares, a vida e a sobrevivência ocorrem como se ainda estivessem em uma era anterior à aviação e ao motor a combustão, vivendo um presente que, para eles, sempre foi um reflexo do passado.

Essa experiência é uma maneira de observar e entender o ser humano e suas práticas, mesmo na era da informação instantânea, da medicina nuclear, da Wikipédia e do "Dr. Google", na era famílias pequenas ou inexistentes que caracterizam o mundo moderno.

Viajar é para sempre
Viaje o mundo
Veja mais
Veja lugares
Veja pessoas
Veja mais do mundo
Veja a diversidade do mundo

Por que tudo isso? Porque é mais tarde que você pensa.
E porque tudo é uma questão de atitude.

Socotra-Yemen
Out. 2022

Socotra é uma ilha surreal que parece ser de outro mundo. Suas ilhas são o mais próximo de um cenário alienígena que você pode encontrar na Terra. Conhecida como *"Socotra: the most alien place on earth"*, sua fauna e flora peculiares se desenvolveram devido ao isolamento. Das mais de 800 espécies de plantas encontradas na ilha, cerca de 300 são endêmicas, ou seja, um terço dessas formas de vida não existe em nenhum outro lugar.

Uma das plantas mais notáveis é a *Dracaena cinnabari*, conhecida como *dragon blood tree* (árvore sangue-de-dragão). Com seiva vermelha, ela é procurada desde a Antiguidade para uso na medicina, tinturaria e produção de cosméticos. Essas árvores podem viver entre 700 e 1.000 anos. Para protegê-las, muitas são cultivadas em cativeiro, onde ficam fora do alcance dos bodes, que destroem as mudas antes que elas atinjam a fase adulta. Outra espécie fascinante é a *bottle tree* (árvore-garrafa), também chamada de *cucumber tree*, devido à sua forma semelhante a uma garrafa e à textura de um pepino. Essas árvores têm uma longevidade de 100 a 200 anos.

Sobre a Republic of Yemen (República do Iêmen), cuja capital é Sa'na, um breve resumo histórico: os portugueses foram os primeiros a chegar à região. Em 1839, os britânicos assumiram o controle estratégico do estreito de Éden. Em 1967, ocorreu a independência do United Kingdom, e foi estabelecida a Republic of Yemen. Em 2010, durante a Arab Spring (Primavera Árabe), o Yemen também passou por uma revolução. O norte, com 25 milhões de habitantes, e o sul, com 5 milhões, entraram em conflito, pois o sul, detentor da maior parte das riquezas, incluindo petróleo, tentou se separar. Como resultado, o país tem duas bandeiras: a oficial e a dos separatistas. O presidente e seus ministros governam do exílio, com apoio da Saudi Arabia e dos United Arab Emirates, que possuem interesses estratégicos na região. Esses países têm investido em programas de infraestrutura e educação no Yemen. No entanto, como é comum no Middle East, nada é simples.

Voltando a Socotra, a ilha tem cerca de 70.000 habitantes. O acesso é limitado e só pode ser feito por meio de um único voo semanal saindo de Abu Dhabi, nos United Arab Emirates, às terças-feiras. O visto de turista é concedido exclusivamente para essa parte do país, o que implica uma estadia obrigatória de sete dias, até o voo de retorno na terça-feira seguinte.

Socotra oferece inúmeras atrações. Sua flora única, com espécies exclusivas da ilha, atrai visitantes. A localização remota e o clima desértico favorecem o desenvolvimento de plantas raras. Há também cavernas, como a imensa Hog's Cave, que já foi explorada por três dias sem que seu final fosse encontrado, e praias deslumbrantes, onde o deserto encontra o mar. As dunas brancas de areia vulcânica contrastam com as águas cristalinas e mornas, comparáveis às do Caribe. A ilha é o ponto de encontro entre o oceano Índico e o mar da Arábia.

Em 2015, dois ciclones consecutivos, com apenas sete dias de intervalo, causaram grandes danos à flora, às residências e à economia local. Atualmente, uma das principais fontes de renda da ilha é o turismo, que está em crescimento. No grupo do qual participei, havia visitantes da Romênia (Alessandru), da Bélgica (Bertrand), da Netherlands (Carlo e Maria), da Austrália (Michael), da Spain (Shawn) e de Taiwan (Jennifer e Gary).

A floresta de *dragon blood trees* é a maior e única do mundo. Suas árvores de copa invertida formam um espetáculo simétrico e impressionante, sendo uma das principais atrações da ilha.

Visitamos, além de Hadibo, locais como Ayhaft Canyon Park, Delisha Beach, Homhil National Park em Arher, Hog's Cave, Raw Ersil (onde o oceano Índico e o mar da Arábia se encontram), Dixsam, Zahek & Hayf, Dagub e Amak.

Os habitantes locais, adultos e crianças, demonstram grande simpatia e acolhimento aos visitantes, com cumprimentos, sorrisos e tentativas de comunicação, mesmo em línguas diferentes. Apesar da pobreza evidente, comparada aos padrões ocidentais, as necessidades básicas da hierarquia de Maslow são visíveis na vida diária. As mulheres, após a primeira menstruação, passam a usar burcas, cobrindo todo o corpo, deixando apenas os olhos à mostra. No entanto, já há certa tolerância para que o rosto fique descoberto.

O *tour* organizado pela youngerpioneers.com, representado por Robert Fitzgerald, e recepcionado na ilha pela socotra-hiking.com, com o guia Salem Alkeabany, foi simplesmente impecável. A experiência incluiu praias deslumbrantes e noites de *camping* sob um céu classificado como "mil estrelas", devido à ausência de iluminação artificial nos locais, permitindo uma visão clara e brilhante das estrelas. O itinerário contemplou cinco dias de *camping* em praias e dunas, além de duas noites em hotel. Os motoristas e toda a equipe de apoio demonstraram grande dedicação religiosa, praticando rigorosamente as cinco orações diárias do islamismo, independentemente do local. Em cada parada, era preparado um espaço com indicação da direção de Mecca.

A capital da ilha, Hadiboh, está em constante desenvolvimento, com ruas a serem pavimentadas, prédios em construção, lixos a serem recolhidos e veículos predominantemente 4x4, adequados às condições locais. Nas diversas cidades e vilas que visitamos, as mesquitas eram facilmente identificáveis por sua arquitetura característica, destacando-se nos quatro cantos dos edifícios. As pinturas nas casas eram limitadas às portas de ferro, que, por sua vez, eram verdadeiras obras de arte, com desenhos simétricos e variados.

Por quê? Meus motivos certamente são diferentes dos seus. Eu viajo para explorar o mundo, para conhecer novas culturas e, ao mesmo tempo, descobrir mais sobre mim mesmo. Sua paixão é sua paixão, e o que importa é que cada um encontre seu próprio caminho para a felicidade e realização nesta grande jornada da vida.

E o que se pode fazer quando se está sete palmos abaixo da terra? Como na música de Guy Lombardo, *Enjoy Yourself*: aproveite o agora. Meu objetivo é incentivá-lo a encontrar sua vibração. Esta é a minha. Ler ou assistir a vídeos sobre natação não é o suficiente para aprender; é preciso entrar na água.

Tudo o que conquistamos serve para o presente, o aqui e agora. Depois, nos tornamos dispensáveis. Após algum tempo, seremos lembrados por poucos, até desaparecermos por completo.

Este texto foi escrito enquanto estava eu no Yemen, em Socotra, em outubro de 2022.

Estas são as minhas viagens, uma missão para descobrir novas culturas, geografias e para ir audaciosamente a lugares onde nunca estive antes.

Por quê? Porque tudo é uma questão de atitude.

Eritrea – a North Korea da Africa
Maio 2018

A Eritrea, oficialmente conhecida como Estado da Eritrea, tem uma população de cerca de 5 milhões de pessoas, com sua capital, Asmara, abrigando 1,3 milhão na região metropolitana. O país tornou-se independente da Ethiopia em 1991, após um conflito que durou 30 anos. Com quase 1.000 km de costa ao longo do mar Vermelho, a Eritrea tem abundantes recursos minerais.

Ao longo de sua história, a região foi colonizada por diferentes povos, incluindo os turco-otomanos, egípcios, etíopes, italianos e britânicos, especialmente no século XIX. Seus idiomas oficiais são o tigrínia e o árabe, embora a maioria da população também fale algum nível de inglês. Apesar de a constituição prever pluralidade, o país é governado por um único partido. O serviço militar é obrigatório, e todos os meios de comunicação são estatais, o que rendeu à Eritrea o apelido de "Coreia do Norte da Africa". É o país mais fechado do continente.

O nome "mar Vermelho" teria origem nos lagos formados pelas marés. Quando essas águas evaporam, o sal é exposto, e uma alga adquire coloração avermelhada, com um brilho característico, justificando o nome.

Acredita-se que a região tenha sido o lar da Rainha de Sabá, que, segundo a Bíblia, teve um filho com o Rei Salomão, chamado Ilminik I. A história da Bíblia ecoa fortemente na cultura local: pastores com ovelhas, cabras, burros e camelos são uma cena comum.

Além disso, a Eritrea é um marco na história da humanidade. Os fósseis mais antigos de hominídeos foram encontrados aqui, incluindo um crânio intermediário entre o *Homo erectus* e o *Homo sapiens*, com cerca de 1 milhão de anos. Também é na Eritrea que se acredita ter surgido o elefante, com fósseis datados de 27 milhões de anos, descobertos pelo paleontólogo americano William Sanders. Essas descobertas podem ser vistas no Museu Nacional do país.

A economia da Eritrea é amplamente baseada na agricultura de subsistência. Após a guerra civil, a indústria foi nacionalizada e desmantelada, interrompendo a produção. Apesar de possuir a maior reserva de petróleo da região do mar Vermelho, o turismo ainda é pouco desenvolvido, devido aos conflitos com a Ethiopia e as restrições do regime. O Dia da Independência é comemorado em 24 de maio, com uma semana inteira de celebrações, culminando em desfiles na avenida principal e na presença do Presidente no estádio de esportes.

O serviço militar obrigatório e sem prazo definido leva milhares de pessoas a deixarem o país. Cerca de 1.000 eritreus fogem ou tentam fugir mensalmente. Muitos procuram asilo em países como England, Itália e Germany. Há relatos de prisões em contêineres e trabalho forçado para aqueles que se opõem ao regime. O presidente Issayas Afwerki, de 73 anos, governa desde a independência em 1991, em um regime de ditadura de 27 anos.

A Eritreia é um dos maiores provedores de refugiados. England, Itália e Germany recebem muitos pedidos de asilo. O serviço militar obrigatório e sem prazo definido leva milhares de pessoas a deixarem o país. Cerca de 1.000 eritreus fogem ou tentam fugir mensalmente. Há relatos de prisões em contêineres e trabalho forçado para aqueles que se opõem ao regime. O presidente Issayas Afwerki, de 73 anos, governa desde a independência, em 1991, em um regime de ditadura de 27 anos.

Viajar para a Eritrea não é uma tarefa fácil. O visto é um dos mais difíceis de obter e, atualmente, só pode ser emitido em consulados e embaixadas – o visto na chegada não está mais disponível, e o Brasil não tem embaixada da Eritrea. Além disso, é necessário obter permissões específicas para se locomover dentro do país. A internet é extremamente lenta, e o único aeroporto internacional está em Asmara. A moeda oficial é o Nakfa.

Durante minha passagem pelo aeroporto de Dubai, encontrei um senhor eritreu que atualmente vive nos United States. Ele estava a caminho de visitar sua mãe, que vive em Asmara e tem 98 anos.

Asmara, capital da Eritrea, foi uma colônia italiana de 1890 a 1947, o que deixou marcas profundas em sua arquitetura. A cidade remete a uma nostalgia de tempos passados, com restaurantes italianos servindo pizzas e massas. A avenida central, alinhada com palmeiras, e os prédios da ocupação italiana refletem essa herança.

Dos 10 cinemas da cidade, os que estão funcionando são Odeon, Roma, Impero (com 80 anos) e Asmara, construído em 1942. O prédio futurístico da Fiat Tagliero, de 1937, destaca-se como um posto de combustível com uma estrutura de concreto de vão livre de 30 metros, algo inédito na época. As épocas de glória do cinema estão refletidas na arquitetura. No entanto, muitos desses prédios carecem de conservação.

A primeira mesquita, e maior, data de 1923. As igrejas católicas romanas, da Igreja Ortodoxa da Eritrea e anglicanas são as mais expressivas. A grande maioria pertence à Igreja local, a Ortodoxa da Eritrea, uma Igreja Copta expulsa pelo Concílio de Calcedônia, com sede no Egypt e fundada por um dos 12 apóstolos, São Marcos. O atual papa é Shenouda III. A Igreja Ortodoxa Russa e a Ortodoxa da Armênia também têm seus papas ou patriarcas. O tema da religião, neste planeta, é diverso, complexo e dividido.

A Catedral, situada no centro, na Avenida Harnet, ou Avenida da Libertação, foi construída pelos capuchinhos. A Igreja Ortodoxa Copta St. Mary foi erguida em 1938. A cidade vive da arquitetura do passado, com muitos pedintes nas ruas, incluindo crianças, jovens, estudantes e idosos. A população de crianças é visivelmente numerosa.

O desfile noturno em comemoração à independência mostrou os diversos setores da economia: comércio, militares e hospitalares. De forma singela, com materiais improvisados e veículos enfeitados, o dia a dia desses setores foi apresentado. É emocionante ver o esforço e a simplicidade com que as coisas e as pessoas são exibidas. Na véspera do dia 24 de maio, bandas animaram o povo nas avenidas principais, decoradas com luzes. À meia-noite, uma explosão de fogos de artifício iluminou o céu. Incrivelmente, no dia seguinte, as ruas estavam limpas, graças à rotina diária de limpeza que começa às quatro da manhã.

A rota romântica do trem pelos vales de Asmara até Nefasit durou cerca de cinco horas, em uma locomotiva a vapor e um vagão de passageiros. O trem parava frequentemente para resfriamento e reabastecimento do tanque de água, que produz vapor a partir de lenha e carvão. A ferrovia, construída em 1911 pelos italianos, atravessa uma região montanhosa e árida, onde os cactos predominam como vegetação. Originalmente, a ferrovia ia de Asmara até Massawa, mas foi destruída durante o período colonial e parcialmente recuperada para fins turísticos. O trajeto é marcado por curvas, túneis e mais túneis, com a paisagem árida salpicada de cactos de diferentes espécies.

Passeios de trem com máquinas antigas são atrações turísticas em várias partes do mundo, como Garibaldi, no Rio Grande do Sul, no Peru, no norte da Índia, no Paraná e em outros lugares. Durante a viagem, encontrei uma funcionária da embaixada dos United States na Eritrea. Sim, há uma embaixada americana no país, pois os United States têm interesses estratégicos na região, como a base militar em Djibouti, próxima ao mar Vermelho.

Notícias internacionais e canais de TV estão disponíveis, assim como a internet e redes sociais, como o Facebook. O isolamento da Eritrea é mais econômico e político, com poucas oportunidades para que as pessoas expressem seu potencial. Os mais pobres recebem cupons para alimentos básicos, como açúcar, café e farinha. No Brasil, temos algo semelhante, em forma de cartão eletrônico.

A Eritrea é um enigma. É impossível decifrar o país em poucos dias de visita, especialmente quando as pessoas evitam falar ou revelar informações sobre o governo, por medo de represálias. Percebe-se claramente um país sofrido, com um povo fechado para o mundo moderno, econômica e politicamente. Esse contexto desfavorável afeta profundamente as novas gerações.

Massawa, uma cidade portuária localizada a 100 km de Asmara, já foi conhecida como "A Pérola do mar Vermelho". No passado, foi um porto importante para gregos e egípcios. Os turcos assumiram o controle no século XVI, e seu auge ocorreu no século XIX. Atualmente, o porto está abandonado, com contêineres vazios, e a cidade é quase fantasma. As atrações principais são o mar, as praias e o mergulho. Muitos prédios foram destruídos durante o conflito de libertação contra a Ethiopia. O calor intenso, chegando a 40 °C, mantém as ruas quase desertas.

No caminho de Asmara a Massawa, pequenos vilarejos pontuam a paisagem, com animais como cabras e burros nas ruas. Muçulmanos e cristãos convivem pacificamente, o que se reflete nas vestimentas: os muçulmanos usam turbantes e vestidos longos, enquanto os cristãos vestem roupas ocidentais.

Uma viagem de um dia aos cânions de Metera Qohaito revelou vilarejos construídos em platôs, onde os cactos são a única vegetação verde. As alturas são impressionantes, e cavernas com desenhos de animais e pessoas oferecem vestígios de tempos antigos.

A época de chuvas ocorre apenas em janeiro. Ao longo do trajeto, vi bois com arados de madeira, pessoas capinando com enxadas de cabo curto, camelos transportando mantimentos e burros usados como meio de transporte. As terras secas estavam sendo preparadas para o período de chuvas, e, em algumas áreas, a água era bombeada de poços para irrigação. Cada vilarejo tem igrejas coptas facilmente reconhecíveis, com cruzes no topo formadas por quatro quadrados.

No último dia da viagem, 29 de maio, aconteceu em Keren o festival anual religioso da Igreja Copta Santa Maria. Peregrinos vestidos com roupas festivas, a maioria das mulheres de branco e com a cabeça coberta, formavam filas para entrar no santuário onde está a imagem de Nossa Senhora Marian Da'arit, dentro de uma imensa árvore baobá. O tronco da árvore, que tem uma circunferência de pelo menos 15 metros, foi adaptado para abrigar o santuário, inaugurado em 1881.

A devoção era intensa: pessoas beijavam a árvore, rezavam, encostavam a cabeça no tronco e recolhiam areia benzida ao redor da árvore, considerada milagrosa. Famílias inteiras faziam piqueniques no chão, com toalhas coloridas. A fé se manifestava em atos simples, como mulheres beijando a imagem para pedir a bênção de uma gravidez. Simplesmente lindo, bonito, fervoroso, contagiante.

Em viagens a países incomuns, como a Eritrea, geralmente organizadas por agências especializadas, é comum compartilhar experiências com outros viajantes. Durante minha estadia, dividi o quarto com Patrick Blos, um alemão de Nuremberg, o que me permitiu praticar meu alemão e refletir sobre a situação atual da Germany.

Concluo que minha visita de uma semana à Eritrea, um país de difícil acesso e apelidado de "Coreia do Norte da Africa", foi uma experiência enriquecedora. Apesar das adversidades econômicas, políticas e sociais, percebe-se que as pessoas, em sua essência, têm os mesmos objetivos em qualquer lugar do mundo: crescer, ter sucesso, ser feliz e formar uma família.

Quando se viaja, o retorno serve para colocar a vida em perspectiva e planejar o que fazer com o tempo que resta. "A decisão mais importante de cada um é decidir o que fazer com o tempo que resta", Gandalf, *Senhor dos Anéis*.

Por que tudo isso? Porque é mais tarde que você pensa.

E porque tudo é uma questão de atitude.

AMÉRICAS

Route 66 Chicago to Los Angeles
Jul. 2019

A Rota 66, ou U.S. Highway 66, conhecida como Mother Road ou The Main Street of America, foi uma das primeiras rodovias expressas dos United States. Criada em 1926, tem 2.448 milhas (3.940 km) de extensão. Em 1956, durante o governo do presidente Eisenhower, foi implementado um sistema de rodovias expressas com 47.800 milhas, tornando a Rota 66 obsoleta. A rodovia desempenhou um papel importante na redistribuição da população durante a Grande Depressão de 1929.

Atualmente, grande parte da Rota 66 corresponde à I-44, mas outros trechos originais ainda podem ser redescobertos. A rodovia começa em Chicago, Illinois, e termina no Píer de Santa Mônica, na California. Após ser oficialmente desativada em 1985, a Rota 66 foi revitalizada com propósitos turísticos. Hoje, turistas do mundo inteiro percorrem a estrada para reviver as décadas de 1950 e 1960, com sua arquitetura e estilo de vida característicos. A Rota 66 atravessa oito estados: Illinois, Missouri, Kansas, Oklahoma, Texas, New Mexico, Arizona e California.

Fiz essa viagem de moto, pilotando uma Harley Davidson modelo Ultra Glide, guiado pela Eagle Riders, uma empresa especializada em turismo sobre duas rodas. Durante o trajeto, paramos em diversas pequenas cidades, postos de gasolina, oficinas e museus preservados como patrimônios históricos pelo governo federal.

No estado de Illinois, começamos na famosa Chicago, localizada na região dos Grandes Lagos, no dia 4 de julho, Dia da Independência dos United States. Após retirar a moto, a experiência de dirigir em uma rodovia de alta velocidade foi emocionante, especialmente ao sair da cidade e alcançar Springfield, onde nasceu Abraham Lincoln. A casa onde ele viveu está restaurada e aberta para visitação. Em Springfield, passamos por um trecho original da Rota 66 pavimentado com tijolos e pela primeira ponte sobre o rio Mississippi, construída em 1929. Visitamos também o posto de gasolina Dwight Fuel Station e o museu na cidade de Pontiac, ambos cheios de nostalgia.

No estado do Missouri, chegamos a St. Louis, onde se encontra o imponente Arco Gateway, construído em 1965. Esse monumento, um dos ícones mais famosos dos United States depois da Estátua da Liberdade, é uma homenagem aos fundadores da cidade e faz parte da rede nacional de parques. Em Cuba, Missouri, vimos a maior cadeira de balanço do mundo, ou pelo menos é o que afirmam. Paramos também na Gay Parita Sinclair, uma oficina e posto de gasolina que exala a hospitalidade típica do meio-oeste americano. Em Joplin, outra cidade do Missouri, aprendemos que o lugar é conhecido como "o estado das cavernas". Joplin também guarda um marco histórico: foi onde Bonnie e Clyde, os famosos assaltantes de bancos da década de 1930, foram mortos. A garagem onde estavam, datada de 1933, é hoje um patrimônio histórico.

No estado do Kansas, apenas passamos por uma cidade próxima à divisa, enquanto, no estado de Oklahoma, visitamos Oklahoma City. Lá, o Memorial Nacional de Oklahoma City relembra o atentado de 19 de abril de 1995, quando um caminhão-bomba matou 196 pessoas no centro da cidade.

No Texas, o museu OK RT66 conta a história da rodovia: desde a sua construção e auge até o seu fechamento e posterior recuperação. Em Shamrock, um posto de serviços e lanchonete mantido pela prefeitura nos transporta de volta aos dias de glória da estrada. Visitamos também o famoso restaurante Big Texan, conhecido por seus *milkshakes* e por sua promoção peculiar: quem conseguir comer dois quilos de carne, batata recheada e salada em 60 minutos não paga pela refeição; caso contrário, o custo é de US$ 72.

O deslocamento de moto em grupo, orientado por um líder, é uma verdadeira aula de direção e respeito às regras de trânsito. A velocidade média foi de 75 milhas por hora nas rodovias expressas, reduzindo significativamente nos trechos da antiga Rota 66.

No estado do New Mexico, visitamos Santa Fé, a capital. Sua arquitetura em adobe, os produtos e o idioma refletem fortemente a influência da cultura espanhola, pois a região foi colônia da Spain antes de integrar os United States. Na praça central, presenciamos a abertura da 16ª apresentação e venda de artesanato folclórico, que contou com a participação de mais de 100 países, sendo considerada a maior feira do gênero no mundo. Em Taos, a ponte sobre o Rio Grande, chamada Gorge Bridge, impressiona. Construída sobre um cânion, foi a maior ponte de aço em 1966. Hoje, há pontos na ponte com telefones diretos e a mensagem: *"Call, there is always hope"* ("Ligue, sempre existe esperança").

Passamos também por terras indígenas, cuja maior tribo é a Navajo. Esse território autônomo dentro dos United States tem suas próprias leis. A cidade de referência na região é Gallup, conhecida como cenário de filmagens da maioria dos filmes de faroeste. O El Rancho Hotel, o hotel mais antigo dos United States, está muito bem conservado. Nos fins de semana, a população local de 30.000 habitantes pode chegar a 200.000, devido à presença de turistas e nativos da região que vêm para fazer compras. Os indígenas recebem ajuda mensal do governo federal, e tribos menores e mais raras recebem valores maiores.

No estado do Arizona, onde está localizado o Grand Canyon, as paisagens ao longo do caminho são únicas, com uma aparência que lembra cenários do seriado *Perdidos no Espaço*. Visitamos a Floresta Petrificada, no Petrified Forest National Park, que, no passado, foi uma floresta real, hoje transformada pela ação da natureza. Já o Grand Canyon, no South Rim, em Tusayan, é simplesmente de tirar o fôlego devido à grandiosidade de sua estrutura natural, moldada pelo rio Colorado. Um voo de helicóptero sobre o cânion proporciona uma experiência única, mostrando a natureza em ação.

Visitamos também Oatman, no condado de Mojave, e outras cidades, como Williams e Seligman. Essas pequenas cidades sobrevivem do turismo e preservam a atmosfera da época de ouro da Rota 66. Oatman, em especial, parece um cenário de filmes de faroeste, com burros descendentes da época das minas circulando livremente pela rua principal. A cidade tem apenas 80 habitantes fixos, além de lojas, bares e um calor de 45 °C no verão que não espanta os turistas diários.

Em Laughlin, no estado de Nevada, encontramos uma espécie de mini Las Vegas. A cidade, localizada às margens do rio Colorado, tem hotéis-cassinos que contrastam com o calor do deserto, que chegou a 45 °C durante nossa visita. A paisagem ao redor lembra cidades às margens do rio Nilo.

Percorremos 700 milhas na Rota 66 original, e o restante do trajeto foi feito por rodovias expressas federais. A preservação de trechos históricos da Rota 66 foi possível graças ao trabalho de associações dedicadas à sua manutenção.

Chegamos a Las Vegas, no deserto de Mojave, internacionalmente conhecida como cidade-*resort*. É famosa por seus cassinos, hotéis fabulosos e *shows* internacionais. Assistimos ao espetáculo de mágica de Penn & Teller, que revela os truques de mágica sem revelar os segredos por completo. O *show* das águas do Hotel Bellagio é romântico e encantador. Já a rua Fremont, coberta, é o centro da agitação, destacando Las Vegas como uma cidade de fantasia, onde todos os dias parecem domingo.

Por fim, na Republic of California (República da California), cruzamos a Mojave National Preserve, um deserto com cactos e torres de coleta solar. Três enormes torres e milhares de painéis solares no solo fornecem energia para a região, servindo como exemplo de energia limpa para o país. O trajeto culminou em Santa Mônica, onde a Rota 66 termina, marcando o batismo final dessa experiência incrível.

Foi uma aventura única. O grupo era composto de dois irlandeses, oito espanhóis, dois participantes de Dubai (um originalmente de Nairóbi e outro do United Kingdom), dois brasileiros, dois americanos, um mexicano e os guias Richard e Vance, da Eagle Riders, ambos muito experientes.

Fiz essa viagem com a Rejane, companheira de algumas aventuras e de vida. Exploramos lugares onde nunca havíamos estado, mas que outros já haviam descoberto antes.

These are the voyages of the Harley Davidson Ultra Enterprise. Its continuing mission: to explore strange new worlds. To seek out remaining life and civilizations on the Historic Route 66. To boldly go where people have gone before.

Por que tudo isto? Porque é mais tarde do que você pensa, e porque no final tudo é uma questão de atitude.

Yellowknife, NT, Canada – Aurora Borealis Adventure
Fev. 2024

No inverno, o frio é intenso, chegando a −50 °C. A região é famosa pela Aurora Boreal, um fenômeno natural que reflete as partículas existentes na atmosfera e as partículas solares em luzes verdes. Já no verão, ocorre o sol da meia-noite, com temperaturas que chegam a 30 °C. São opostos bem-marcados de temperatura.

Yellowknife é a capital, a única cidade e a maior comunidade dos Territórios do Noroeste, no Canadá. Está localizada na costa norte do Grande Lago do Escravo, cerca de 400 km (250 milhas) ao sul do Círculo Polar Ártico.

Estive aqui por quatro dias com a Lauren Hans. A aventura de *snowmobile*, ou moto para neve, sobre a neve recém-caída, foi como uma missão impossível. Já o *dog sled*, o trenó puxado por cães, remete à época da conquista desses territórios e ainda é utilizado em locais de difícil acesso, além de ser uma atração turística.

No dia 4 de fevereiro, no último dia dessa aventura, um domingo à noite, às 23 horas, participamos de uma expedição para avistar a Aurora Boreal. De repente, enquanto esperávamos no ônibus, as luzes verdes começaram a aparecer, dançando e se expandindo pelo céu por mais de uma hora. Após tirar várias fotos com uma câmera profissional, as luzes continuaram. Foi um *show* fantástico da natureza, que se repete diariamente, embora nem sempre seja visível a olho nu, sendo necessário, às vezes, o uso de câmeras fotográficas para captá-lo.

A emoção e a alegria tomaram conta do grupo no qual estávamos. Foi a beleza da natureza em um espetáculo sob o comando do grande arquiteto do universo.

Yellowknife, com uma população de 20.000 habitantes, tem o turismo como principal fonte de renda. É um lugar remoto, frio e bonito em todas as estações do ano. Vim para cá por causa da Aurora Boreal, para brincar na neve e viver tudo isso junto com minha filha.

As ruas cobertas de branco, os carros soterrados pela neve, as árvores decoradas naturalmente e as pessoas protegidas do frio, com roupas reforçadas para os pés, as mãos e o rosto criam uma cena mágica para os turistas. O cartaz digital registrando –25 °C transforma o cenário em um eterno Natal. Para os locais, porém, é apenas mais um dia de inverno, de limpar ruas e calçadas ou a frente de suas casas.

"Viajar é fundamental para o preconceito, a intolerância e as ideias limitadas. Não se pode ter uma visão ampla, abrangente e generosa dos homens vegetando num cantinho do mundo a vida inteira." — Mark Twain.

"Daqui a vinte anos, estarás mais arrependido das coisas que você não fez do que das que fizeste. Então joga fora as amarras, navega para longe do porto seguro. Agarra o vento em suas velas. Explora. Sonha. Descobre." — H. Jackson Brown Jr.

A vida não é sempre perfeita, mas fica muito melhor com mais uma viagem pelo norte do Canadá, em Yellowknife, para passar frio e ver a Aurora Boreal.

Por quê? Porque tudo é uma questão de atitude.

Mexico, Oaxaca – Día de Muertos y Ciudad de Mexico
Nov. 2023

Desde la época prehispánica la tradición de celebrar a muerte es una costumbre aquí. A fiesta más viva de todas. Música, flores, muchos altares, caras maquiladas y el recuerdo de la fugacidad de la existencia.

Esta fue la primera información que recibí al llegar a Oaxaca. Señalización vial y carteles publicitando este evento que se ha convertido en un atractivo turístico. Del 28 de octubre al 4 de noviembre de 2023 Oaxaca de Juárez, capital del Estado de Oaxaca.

Desfiles de las distintas etnias, siempre con muñecos gigantes. Orquestas tocando marchas fúnebres en la plaza, conciertos de artistas, vídeo proyecciones en las paredes de la iglesia, concurso de altares en honor a los muertos preparados en las familias y o en público, cementerios con actividad de visitas de los familiares que se quedan o toda la noche con velas y música, bandas animando el baile que tiene lugar en el cementerio o de día donde las familias se reúnen alrededor de la tumba con comida y bebidas. Las máscaras y las caras pintadas en forma de calavera o similares son el principal disfraz. La ropa en forma de esqueleto, los cráneos y los esqueletos están literalmente por todas partes. En las tiendas, en los hoteles, en las plazas, en los carteles, en los coches, en las banderas de colores para adornar las calles, pintadas en el suelo, en las iglesias, en los tejados, etc.

Alfombras dibujadas en el suelo con polvo de café, aserrín, arena y otros materiales con motivos sobre la muerte, similares a las alfombras de la celebración del Cuerpo de Cristo en Brasil, tradición que vino de Portugal.

Festividades similares a Mardi Gras, Halloween, Carnaval en varios países y fiestas culturales de todo el mundo. La diferencia básica aquí es el tema: la muerte. Recordar a los muertos y celebrar la vida. La fiesta más viva de todas. Frases que encapsulan la filosofía del evento.

Las tradiciones de los Zapetas y Mixtecos creen que en octubre se abren las puertas al inframundo para que los muertos puedan venir a visitar a sus familiares y esta arraigada creencia dio origen a estas festividades. Asimismo, el Día de los Difuntos en Brasil y en otros países tiene orígenes idénticos.

En excursiones de un día, a Hierve el Agua, un parque con cascadas petrificadas debido al agua que contiene carbonato de calcio. Proceso milenario. En Turquía existen cascadas y agua de este tipo que brota de las rocas. Monte Albán, fue la capital de los zapotecas fundada en el año 500 a.C. Un sitio arqueológico restaurado que muestra cómo era la estructura en ese momento. En Mitla, un sitio arqueológico que mantiene un templo restaurado cuya arquitectura de dibujos en las paredes define la vida cotidiana, el descanso después de la muerte y el inframundo.

En Ciudad de Mexico, aglomeración en la plaza central, decorada con motivos sobre la muerte. Avenidas superpobladas de peatones donde caminar era como estar en un mar de gente. En los espacios públicos es común bailar al son de la música. Los mini órganos tocados con una manivela pidiendo algún valor es una tradición de décadas. Actualmente sin el mono para pedir monedas, lo hacen con su gorra.

La Pirámide de Teotihuacán, Basílica de Guadalupe, Plaza de las 3 Culturas, Xochimilho, son atractivos permanentes. Las pirámides y ciudad de Teotihuacán, del 300 a.C. al 500 d.C. y redescubiertas en 1900, demuestran una vez más que ya hubo un apogeo en varias civilizaciones de este planeta, que sucumbieron y dejaron sus huellas en las piedras. Y los actuales, ¿quién se atreve a predecirlos?

El desfile de Día de Muertos en la CDMX Ciudad de Mexico fue grandioso, televisado al mundo. Tradiciones milenarias reflejadas en etnias, muñecos gigantes, masas de gente celebrando la vida en el día de muertos. Este gran desfile de la CDMX existe desde 2016, luego de la película 007 donde la película de fado se estrenó en un desfile de Día de Muertos.

Xochimilco, un sistema de canales creado por los aztecas. Queda una parte donde las góndolas transportan a los turistas. Muy colorido, comida, música, alegría.

En Arena Mexico, simplemente la mejor lucha libre del mundo. Las simulaciones de deglución entre luchadores y luchadoras, normalmente entre parejas, provocan suspiros, aplausos y gritos del público. Una tradición de décadas y es un espectáculo divertido.

Estas son mis aventuras en tierras zapotecas, mixtecas y Aztecas en pocos días descubrí este mundo por mí mismo y lo comparto contigo, aquí y ahora, con fotos y vídeos.

¿Por qué? Porque es más tarde de lo que crees. Porque viajar es bueno para la salud y la cultura personal. El tiempo apremia. Al fin y al cabo, todo es cuestión de actitud.

Guyana, Georgetown – Kaieteur Falls

Guyana, ou Cooperative Republic of Guyana, localizada no norte da South America, é uma ex-colônia britânica e o único país de língua inglesa no continente sul-americano. Tornou-se independente do United Kingdom em 1966, após ter sido ocupada anteriormente por espanhóis e holandeses. Tem uma população de 837 mil habitantes, e sua capital é Georgetown. O nome Guyana significa "terra de muitas águas".

As três Guianas sempre estiveram no meu imaginário desde os tempos do primário, já faz um bom tempo. Situadas ao norte, coladas ao Brasil, deveriam, talvez, ser território brasileiro. Assim, teríamos praias caribenhas no nosso país.

Georgetown está, em média, entre 5 e 10 metros abaixo do nível do mar. Para proteger a cidade, os colonizadores construíram diques. Pequenos canais, que circundam as quadras como arroios, garantem a drenagem constante do solo, auxiliados por sistemas de bombas espalhados por toda a cidade.

A economia do país é baseada principalmente nas riquezas minerais, no petróleo e na agricultura. A região de Essequibo, composta de várias ilhas ricas em recursos minerais e petróleo, é reivindicada pela Venezuela. Durante o domínio britânico, não houve disputas territoriais, mas isso mudou após a independência. O governo promove a unidade nacional com o *slogan* "One Guyana" ("uma Guiana"), reafirmando que Essequibo pertence à Guyana.

A diversidade cultural do país é evidente na arquitetura religiosa: templos hindus com enormes estátuas de deuses indianos, mesquitas e igrejas de várias denominações coexistem, assim como as pessoas, cujos rostos refletem suas diversas origens.

Em uma incursão ao interior rumo a Linden, percorre-se um trecho da rodovia em direção a Boa Vista, no Brasil. A estrada ainda está em construção, e o cenário é de mata fechada, com esforços constantes para abrir caminhos e dominar o território. Estamos no extremo norte da floresta amazônica.

O ponto alto da viagem foi o voo em um monomotor para sobrevoar e pousar no Parque Nacional Kaieteur (PNK), onde fica a famosa Kaieteur Falls, uma das mais de 200 cachoeiras da Guyana. Com quatro vezes a altura das Cataratas do Iguaçu, embora com menor volume de água, é uma joia escondida na floresta amazônica, acessível apenas por via aérea ou, para poucos, por caminhos terrestres. Em 2023, a cachoeira recebeu 10.008 visitantes por via aérea e apenas 65 pela floresta. Niagara Falls (United States e Canadá), Iguaçu Falls (Brasil e Argentina), Victoria Falls (Quênia) e até Ventoso Falls, em Salto Ventoso (Farroupilha, RS), ou Cascata do Maratá, não se comparam à imponência de Kaieteur Falls. Vim para conferir, e foi uma experiência inesquecível.

O que restou, na minha observação, da ocupação britânica: a estátua da rainha Victoria, a arquitetura da época, o idioma, dirigir no lado direito, as leis na Constituição, a cerveja Guiness e a maneira gentil de atender as pessoas.

Por quê? Porque viajar faz bem à saúde e expande a compreensão da geopolítica do planeta, e porque o tempo urge.

Por quê? Porque tudo é uma questão de atitude.

Amapá – Macapá – Oiapoque – Guiana Francesa
Set. 2024

O Amapá é o estado brasileiro mais isolado, pois não está conectado a nenhum outro estado por estradas, sendo acessível apenas por vias aéreas ou fluviais. Isso encarece e atrasa o transporte de mercadorias e pessoas, gerando certo isolamento econômico. Por outro lado, é o estado mais bem preservado ambientalmente, o que é muito positivo.

Com uma população de 800 mil habitantes, a maioria está concentrada na capital, Macapá, que conta com 445 mil moradores, e em Santana, com 110 mil. A economia é impulsionada principalmente pela exploração de madeiras, palmito, fazendas de açaí e minérios. Apesar de sua pequena população, o estado tem três senadores.

O Amapá foi criado como território em 1943, tornando-se estado em 1988 com a promulgação da Constituição Federal. Sua instalação oficial ocorreu em 1º de janeiro de 1992. Colonizado pelos portugueses, o estado foi objeto de disputas territoriais com a France, então representada pela Guiana Francesa (departamento ultramarino da France na South America). A questão foi resolvida em 1900 por decisão do tribunal da Suíça, que reconheceu o Amapá como parte do Brasil. A vitória brasileira foi assegurada graças aos argumentos de Francisco Caetano da Silva, natural de Jaguarão (RS), e do advogado Barão do Rio Branco.

O Amapá faz fronteira com a Guiana Francesa (a qual visitei algumas semanas antes), ligada por uma ponte binacional inaugurada em março de 2007. No entanto, ela é usada principalmente por franceses, pois brasileiros precisam de visto para entrar na Guiana, que deve ser obtido em embaixadas em São Paulo ou Brasília. A cidade de Saint-Georges, na Guiana Francesa, localizada na divisa, tem cerca de 5.000 habitantes e é acessível pelo rio em pequenas embarcações.

Georgetown, capital da Guiana Francesa, está próxima da fronteira, mas o limite entre os territórios ainda gera disputas. A France não reconhece o rio Oiapoque como fronteira oficial, reivindicando parte do território amapaense.

O rio Amazonas é como um mar para Macapá. Os ventos conferem à cidade um clima de litoral. O Parque Beira-Rio, também chamado de Praça do Coco, é um espaço vibrante com quiosques de comidas típicas, casas de artesanato, quadras esportivas, espaços para *shows*, gramados amplos, um mercado de pescado e muitos barcos. A maré diária influencia a logística do transporte local, adaptando-se ao fluxo e refluxo das águas. A expressão do Oiapoque ao Chuí significa os pontos extremos do Brasil. Em linha reta, são 4.180 km.

Um dos principais pontos turísticos de Macapá é o Parque do Meio do Mundo, onde está o Marco Zero do Equador. Esse monumento, situado sobre a linha imaginária que divide a Terra em dois hemisférios, inclui um obelisco de aproximadamente 30 metros de altura com uma abertura circular que permite a passagem dos raios solares durante os equinócios, em março e setembro. O complexo também conta com um terraço, espaço para *shows*, arena de futebol, sambódromo e a Praça dos Povos. Durante minha visita, consegui equilibrar um ovo em pé sobre a linha do Equador, talvez devido à ação magnética.

"Moro na esquina do rio mais belo com a linha do equador", trecho de uma música, define poeticamente o meio do mundo, o parque situado na Avenida Equatorial.

O Amapá tem 580 km de estrada até o município de Oiapoque, passando por cidades como Porto Grande (terra do abacaxi), Tartarugalzinho, Paracuuba, Amapá (antiga Montenegro), Calçoene (o município mais chuvoso do Brasil) e outras. Nos últimos trechos, a estrada de chão com barro vermelho domina a paisagem.

Durante a Segunda Guerra Mundial, a Base Aérea do Amapá serviu como ponto de pouso para dirigíveis americanos que patrulhavam a costa em busca de submarinos nazistas. Hoje, o local está abandonado, mas há projetos para revitalizá-lo como museu a céu aberto.

A Praia de Goiabal é a primeira praia oceânica do estado. Com sua vasta extensão de areia, ela se transforma durante a maré baixa, tornando-se um espaço enorme onde búfalos descansam na areia fresca para se refrescar. Enquanto na India as vacas são presença comum nas praias, no Amapá são os búfalos que ocupam esse papel único.

Na divisa com a Guiana Francesa, encontra-se a Ponte Binacional, inaugurada em março de 2007. Atualmente, é mais utilizada pelos franceses que vêm ao Brasil. Brasileiros, no entanto, precisam de visto, que deve ser obtido nas embaixadas localizadas em São Paulo ou Brasília.

Os guias locais, Sr. Gilson e Antônio, da Cupuaçu Turismo, enriqueceram nossa experiência com seus conhecimentos sobre a história e os povos indígenas da região. Com eles, tivemos a oportunidade de tirar fotos e explorar os encantos do estado.

No Amapá, as embarcações, como canoas, lanchas e barcos de pesca, são fundamentais para a vida da população. A maré, que diariamente redesenha as margens dos rios, dita o ritmo de partida e chegada dessas embarcações.

Aqui, o tempo parece passar mais devagar. Em alguns dias de aventuras pelo Amapá, descobri e explorei um mundo fascinante. Agora, compartilho essa experiência com você por meio deste texto, fotos e vídeos.

Viaje pelo mundo.

Guiana Francesa – Capital Cayenne

A Guiana Francesa (*Guyana Franceise*), ou Departamento de Guiana, é um departamento ultramarino da France e o único território da South America integrado a um país europeu e membro da União Europeia. Por isso, seu chefe de Estado é o presidente da France. Com uma população de 301 mil habitantes, sua moeda oficial é o euro, e a capital é Cayenne. É conhecida como a Amazônia Francesa.

O Porto Espacial de Kourou, base de lançamentos da Agência Espacial Europeia, é uma das principais fontes de renda do território. A base está ativa, e o último lançamento ocorreu em novembro de 2023.

Para visitar a Guiana Francesa, é necessário um visto consular. Embora brasileiros não precisem de visto para a France, esse território exige um visto específico, solicitado presencialmente no Consulado da France em São Paulo, na Avenida Paulista. Comparando com vistos como os da Coreia do Norte e do Turcomenistão – que consegui sem sair do escritório, apenas enviando formulários, documentos e taxas –, o da Guiana Francesa foi o mais trabalhoso e caro. Entre passagens de ida e volta de Porto Alegre, deslocamentos de Uber, taxas consulares e de retirada do passaporte uma semana depois, o custo foi significativo. Porém, como coleciono países e territórios, fiz toda essa logística.

A viagem de Paramaribo até Albina, na fronteira com a Guiana Francesa, começa às 5 da manhã e dura cerca de 2h30. Após o carimbo de saída do Suriname e a travessia do rio em um pequeno barco, chega-se ao território francês. De lá, um táxi coletivo partiu quando havia passageiros suficientes, e levou cerca de três horas até Cayenne.

De Cayenne até a estação espacial de Kourou, a viagem durou cerca de uma hora. Consegui incluir meu nome na lista para visitar a estação espacial no último minuto, sem custos. Renata, uma atendente brasileira, comentou que as únicas coisas gratuitas na Guiana Francesa são o mar, o sol e o *tour* pelo centro espacial.

No norte da South America, as três Guianas (Guiana Francesa, Suriname e Guiana) se destacam por suas características únicas e por serem etnicamente muito diversas em comparação aos outros países do continente. Ricas em recursos naturais, as duas primeiras são independentes, lidando com seus próprios desafios de administração. Já a Guiana Francesa, sob administração centralizada da France, é visivelmente mais desenvolvida, limpa e cara, pois opera em euros, sendo uma extensão da Europe na South America.

"Surreal" é o termo que melhor descreve as três Guianas. Elas parecem cápsulas do tempo, misturando a era colonial com a atualidade. É como visitar a England, a Netherlands e a France sem sair da South America. A Guiana Francesa, porém, é a mais europeia entre as três, refletindo mais claramente suas origens francesas.

Embora esteja no mesmo continente em que vivo, chegar à Guiana Francesa foi mais desafiador do que visitar países muito mais distantes. Não há voos diretos entre Suriname e Guiana Francesa, o que exige trajetos terrestres longos. Minha entrada foi via Panamá, com destino a Georgetown.

A estação espacial de Kourou foi criada em 1964 pelo então primeiro-ministro francês Georges Pompidou. Desde então, já ocorreram 127 lançamentos. Atualmente, ela opera como um consórcio internacional.

Existem 17 bases espaciais no mundo: três nos United States, cinco na China, três na Russia, uma na Guiana Francesa, uma no Japan, uma na South Korea e uma desativada na Austrália. Essas estações competem entre si, atraindo clientes que pagam para lançar satélites, especialmente de comunicação. A entrada da Starlink no mercado, com mais de 9.000 satélites (mais de 5.000 lançados desde 2019), transformou esse cenário.

O centro espacial da Guiana Francesa está se modernizando para continuar competitivo. A nova plataforma de lançamento Ariane 6 é mais avançada, mas seus foguetes ainda não são reutilizáveis.

Por quê? Porque viajar faz bem à saúde e expande a compreensão da geopolítica do planeta, e porque o tempo urge.

Por quê? Porque tudo é uma questão de atitude.

Suriname – Paramaribo

Suriname, oficialmente Republic of Suriname, tem como capital Paramaribo. É o menor país da South America, com uma população de 632 mil habitantes. Tornou-se independente do Reino dos Países Baixos (Netherlands) em 1975. Antes, era conhecido como Guiana Holandesa ou Guiana Neerlandesa. O idioma oficial é o holandês, mas o inglês é amplamente usado. Cerca de 300 mil pessoas vivem na capital.

No centro de Paramaribo, a arquitetura de madeira em estilo holandês é marcante. Há prédios em reforma, outros parecem novos. A Basílica de São Pedro e São Paulo foi recentemente restaurada com madeira, apresentando-se imponente e colorida. Durante minha visita, havia um ensaio de canto no local. Na entrada da igreja, uma foto do bispo com o Papa chama atenção. O centro histórico de Paramaribo é um sítio da Unesco, e a conservação e restauração visam a preservar a arquitetura colonial holandesa.

A diversidade cultural é uma característica marcante do Suriname. Judeus, chineses, hindus, muçulmanos, cristãos e outros grupos convivem no país. Constatei a mesma diversidade na vizinha Guiana. A arquitetura dos templos reflete essa pluralidade, assim como os rostos das pessoas revelam suas diferentes origens étnicas.

A economia do país depende de seus recursos naturais, com destaque para a bauxita, que tem potencial para tornar o Suriname um dos maiores produtores do mundo. O petróleo, atualmente extraído apenas em terra, ganhará um incremento com a exploração em plataformas marítimas.

No momento da independência, em 1975, o governo surinamês recebeu 3 bilhões de euros do Reino dos Países Baixos, mas, segundo relatos locais, esses recursos não foram bem aplicados. A corrupção é apontada como o maior problema do país, uma realidade semelhante à de muitos outros países.

Republic of Suriname tem uma rica história cultural e uma diversidade de etnias que criou um povo único.

Por quê? Porque viajar faz bem à saúde e expande a compreensão da geopolítica do planeta, e porque o tempo urge.

Por quê? Porque tudo é uma questão de atitude.

Whitehorse Yukon
Jul. 2024

Whitehorse é a capital do Yukon, um dos menores territórios do Canadá. Em 1896, uma família descobriu ouro na região de Klondike, o que provocou uma explosão populacional com a corrida pelo ouro. Além do ouro, foi encontrado cobre, impulsionando o desenvolvimento da cidade e da região.

Localizado no paralelo 60, Whitehorse experimenta extremos de temperatura. No verão, os dias são longos, com mais de 19 horas de luz, enquanto no inverno a média de temperatura é de –25 °C, podendo chegar a –45 °C. A temperatura mais fria que vivenciei foi –30 °C, em Yellowknife.

Por causa dessa mudança de temperatura abrupta, o verão é marcado por intensas atividades ao ar livre, como passeios em rios, parques, *camping* e lagoas. Isso ocorre em grande parte do hemisfério norte. Atualmente, o turismo de verão é o mais movimentado, ao passo que, no inverno, conforme informações do centro turístico, há um aumento de visitantes asiáticos, atraídos pelo espetáculo da Aurora Boreal, que é tão impressionante aqui quanto em Yellowknife, nos Territórios do Noroeste, onde também a presenciei em fevereiro de 2024.

Whitehorse tem cerca de 30 mil habitantes. O Museu MacBride narra a história dos povos originários da região, chamados inicialmente de aborígenes, depois indígenas e, agora, *First Nations* – um termo mais politicamente correto, significando "Primeiros da Nação". No Brasil, esses povos vivem em reservas. Já nos United States, têm seus próprios territórios e, muitas vezes, negócios relacionados a cassinos.

Uma atração histórica de destaque é o S.S. Klondike, um barco a vapor com pedaleiras, situado às margens do rio Yukon. Ele remonta à época das viagens de barcos a vapor, que transportavam passageiros e cargas durante a corrida do ouro. O rio Yukon, que atravessa calmamente a cidade, congela parcialmente no inverno, enquanto o desfiladeiro Miles Canyon oferece um espetáculo natural impressionante. Foi nessa região que os pioneiros se estabeleceram, abriram florestas, acamparam e procuraram ouro.

No Museu MacBride, uma frase resume bem a busca pelo ouro: "Cerca de 100 mil pessoas chegaram a Dawson City, aproximadamente 15 mil realmente trabalharam na busca pelo ouro, cerca de 4 mil encontraram ouro, e apenas algumas centenas ficaram ricas".

Assim também é na viagem da vida. Todos querem o sucesso, ninguém planeja o fracasso, mas a minoria atinge uma vida plena e usufrui de tudo o que o universo oferece.

Planeta Terra: essas são as minhas aventuras em territórios longínquos para ir e ver lugares onde nunca estive antes.

A vida não é sempre doce e perfeita, mas fica melhor com mais uma viagem.

Por quê? Porque tudo é uma questão de atitude.

EUROPA

Malta, Valetta – Gozo
Maio 2023

    Republic of Malta desde 1974. Independente do United Kingdom desde 1964, Malta é um país insular localizado no Mediterrâneo. Ao longo de sua história, foi palco de diversas invasões: pelos gregos, pelo Império Romano, pelos árabes, pelos cruzados, por Napoleão Bonaparte e, por fim, pelo United Kingdom. O idioma maltês é um misto de árabe, italiano e inglês, sendo uma das línguas oficiais da União Europeia. Malta adotou o euro em 2004. A capital, Valetta, é o lar de uma população de cerca de 520 mil pessoas, fazendo de Malta um dos dez menores países do mundo.

    Em 1530, as ilhas foram cedidas pela Spain à Ordem Hospitalar de São João de Jerusalém, uma ordem religiosa militar da Igreja Católica, sob a condição de combater o avanço otomano. A ordem cumpriu esse papel com sucesso, resistindo a ataques e derrotando os otomanos. Como resultado, fortificações foram adicionadas, especialmente em Valetta, que permanecem até hoje como atrações turísticas e exemplos notáveis de arquitetura militar. Na época, o hospital da Ordem tinha capacidade para 900 leitos; atualmente, abriga um centro de conferências.

A Ordem de Malta, também conhecida como Cavaleiros Hospitalários, oficialmente chamada de Ordem Soberana e Militar Hospitalária de São João de Jerusalém, de Rodes e de Malta, continua existindo. Inicialmente, ela ajudava peregrinos em viagem à Terra Santa. Hoje, é uma organização humanitária reconhecida como entidade de direito internacional privado. A ordem administra hospitais e centros de reabilitação, contando com 13.500 membros, 80.000 voluntários permanentes e 42.000 profissionais da área da saúde.

É importante destacar que a Ordem de São João e os Templários eram organizações diferentes. Embora ambas protegessem peregrinos, os Templários foram dissolvidos pelo Vatican em 1314, com o auxílio de acusações promovidas pela Ordem de São João.

Malta é habitada desde o período neolítico, cerca de 5000 a.C. Achados arqueológicos datam de 3800 a.C., incluindo as impressionantes estruturas de pedra em Ġgantija, na ilha menor de Gozo. Visitei pessoalmente o local, pois, em tempos de *fake news*, é melhor conferir para acreditar. Lá estão as construções reconhecidas pela Unesco e confirmadas pela arqueologia, datadas de 3600 a.C., sendo mais antigas que Stonehenge, na England, e as pirâmides do Egypt.

==Outro destaque é o Hypogeum, um complexo subterrâneo que se acredita ter sido uma necrópole. Restos de cerca de 7.000 pessoas foram encontrados no local. Essa estrutura, excepcionalmente bem preservada, é um dos maiores exemplos de templos megalíticos.== Apenas grupos de 10 pessoas podem visitá-lo de cada vez, devido ao controle rigoroso de ar e umidade para preservar o interior. Perguntei se tinha ingresso para este momento. Resposta: "Não, mas este senhor, que estava na fila antes de você, veio com um grupo de quatro, mas um faltou, se o senhor se acertar com ele, pode entrar". Dito e feito, minutos depois eu estava dentro das cavernas.

Este planeta é antigo, como a arqueologia já provou inúmeras vezes. Em qualquer lugar que escavarmos, encontraremos vestígios – de animais ou objetos humanos. Novas evidências continuam surgindo, revelando artefatos ainda mais antigos que os conhecidos. Enquanto isso, a humanidade avança em busca de novos desafios além da atmosfera terrestre.

Malta, Valetta, Gozo: cidades históricas com construções antigas e ruelas estreitas, onde mal passa um ônibus. Valetta, uma cidade murada construída pela Ordem de São João, foi um projeto inovador para a sua época. Um legado incrível que merece ser visitado. As construções antigas foram modernizadas internamente, enquanto a parte nova da cidade traz edifícios envidraçados que contrastam com as pedras do passado.

Valetta, Malta, um museu a céu aberto. Arquitetura, monumentos, história, conquistas, lutas, ordem de São João, catolicismo, turismo, sol, praias, paraíso fiscal, mediterrâneo, perto da Europe e cenas de muitos, muitos filmes.

Que a vida, e o tempo que nos resta, seja vivida com estratégia e inteligência. *Tempus fugit.*

Por quê? Porque a vida não é sempre doce e leve, mas fica muito melhor com mais uma viagem. O tempo urge. Afinal de contas, tudo é uma questão de atitude.

Chernobyl – Desastre Nuclear Abr./1986
Abr. 2019

No dia 26 de abril de 1986, às 1h23 da manhã, o reator número quatro da usina nuclear de Chernobyl explodiu devido ao calor excessivo. A explosão silenciosa liberou material radioativo, que foi levado pelos ventos para a cidade de Pripyat, com 50.000 habitantes, situada a apenas 3 quilômetros do reator. Esses ventos também levaram a poluição radioativa até a Suécia, onde, três dias depois, foi detectada por funcionários de uma usina nuclear durante testes de rotina. Isso levou à investigação internacional, já que a Union of Soviet Socialist Republics (USSR) inicialmente negou o incidente. Na época, Mikhail Gorbatchov ocupava o cargo de Primeiro Secretário do Partido Comunista, a posição mais alta no governo.

A inauguração do estádio e do parque de diversões de Pripyat estava programada para o dia 1º de maio, mas o desastre ocorreu apenas cinco dias antes. Hoje, o estádio está tomado por árvores, e a roda-gigante, que nunca foi usada, permanece no local, agora envolta pela natureza. A área de exclusão ao redor da usina, que abrange 2.600 km², está condenada a permanecer desabitada. Em Belarus, país vizinho, uma área de tamanho semelhante em florestas também foi afetada. O material radioativo presente na região leva, em média, 400 anos para ser eliminado, e alguns elementos permanecem perigosos por milhares de anos.

Pripyat foi fundada em 1970, mas, apenas 16 anos depois, teve de ser abandonada. A evacuação foi anunciada 36 horas após o acidente, quando a radiação já era 15.000 vezes maior que o limite permitido. O desastre resultou em doenças e mortes. Oficialmente, registra-se cerca de quatro mil mortes e milhares de casos de câncer até hoje. Os primeiros a perecer foram os bombeiros que, sem saber do perigo, responderam ao incidente. Um monumento em homenagem a esses heróis foi erguido em Chernobyl. Seis meses após o desastre, os moradores foram autorizados a retornar brevemente para recuperar pertences.

Atualmente, cerca de 7.000 pessoas trabalham na região no desmantelamento dos reatores, cujo último foi desativado em 1998. Originalmente, o plano era construir a maior usina nuclear do mundo, com 12 reatores, mas o projeto foi interrompido após o acidente, que envolveu cinco reatores em operação. O reator quatro, culpado pelo desastre, foi selado em um sarcófago de aço construído recentemente, a um custo de 2,2 bilhões de euros, para substituir a estrutura original, que já havia se deteriorado. Esse novo sarcófago tem uma estimativa de duração de 100 anos e foi financiado por um esforço internacional. Robôs são utilizados no trabalho remoto de desmontagem e armazenamento do material radioativo, um procedimento padrão em usinas ao redor do mundo.

Após o desastre, os outros reatores da usina continuaram operando por mais 14 anos, apesar do impacto do incidente. O custo inicial do sarcófago de concreto foi de 18 bilhões de rublos, equivalente ao mesmo valor em dólares. O desastre é amplamente considerado um dos fatores que precipitaram o fim da União Soviética e deram início à Perestroika. Esse valor não inclui os custos das cidades e vilas evacuadas, dos radares perdidos e, principalmente, das vidas humanas afetadas e encurtadas por doenças relacionadas à radiação. O segundo sarcófago, porém, custou quase dez vezes menos.

Pripyat e Chernobyl, locais da tragédia, tornaram-se atrações turísticas. Desde 2010, visitantes podem explorar a região com um visto de entrada. Cerca de 80.000 turistas visitam o local anualmente. Durante minha estadia, fiquei no único *hostel* disponível, em um prédio abandonado, e almocei na cantina dos trabalhadores, que devem permanecer ali por pelo menos mais 30 anos para finalizar o desmantelamento. Jantei na única cantina da cidade preparada para receber turistas curiosos e aventureiros de todo o mundo. As paisagens são apocalípticas: ruas desertas invadidas pela vegetação, prédios escondidos por árvores, o estádio irreconhecível e parques de diversão enferrujados, com a famosa roda-gigante servindo de cenário para fotos.

A zona de 30 km ao redor do epicentro é atualmente considerada segura para visitas controladas. Mesmo assim, cada visitante recebe um dispositivo para medir os níveis de radiação. Ao entrar em áreas como restaurantes, é necessário passar por máquinas que verificam se roupas e calçados estão em níveis aceitáveis de contaminação. Já na zona de 10 km ao redor do reator que explodiu, o cuidado é maior, com acesso permitido apenas por trilhas previamente limpas. Os trabalhadores da região seguem um regime de 15 dias de trabalho seguidos de 15 dias fora da área contaminada.

O nome Chernobyl data do século XII, mas, após o desastre, foi reinterpretado como "história negra". Esse significado, evidentemente forçado, tenta alinhar-se à tragédia. Há até mesmo uma referência ao terceiro anjo do Apocalipse do Novo Testamento, cuja estátua está em frente ao museu (antigo cinema da cidade). Segundo o relato bíblico, o anjo desceu dos céus e contaminou as águas, e os que beberam dela morreram. Essa simbologia foi utilizada para explicar o desastre, em um momento em que a humanidade ainda não sabia como lidar com a energia nuclear – e talvez ainda não saiba. Basta se lembrar de Hiroshima, Nagasaki, Chernobyl e Fukushima, afetada por um *tsunami* em 2014.

A Germany já produz 30% de sua energia por meio de fontes renováveis, como vento e sol, e planeja alcançar 100%, desativando todas as plantas nucleares. A Iceland já produz toda a sua energia de fontes naturais, como o gás e o calor geotérmico. A France, por outro lado, opera mais de 50 reatores nucleares, fornecendo energia para muitos países da Europe.

Nas proximidades de Chernobyl, encontra-se a cidade secreta Chernobyl II, uma instalação militar da USSR para monitorar mísseis intercontinentais dos United States durante a Guerra Fria. O local abriga antenas gigantescas com função de radar, uma medindo 500 metros de comprimento por 150 metros de altura e a outra com 200 metros por 100 metros. Elas operaram de 1977 até 1987, quando foram abandonadas devido ao desastre nuclear. No mapa soviético da época, a área aparecia como um parque de diversões. Na sala de controle, ainda restam monitores e mapas, uma lembrança de uma tecnologia que foi rapidamente superada por satélites e computadores. Havia dois outros lugares com antenas de radar que continuaram a proteção, até as novas tecnologias surgirem e a Guerra Fria cessar, em 1989, com a queda do muro de Berlin.

Kiev, capital da Ukraine, remonta ao século VI, enquanto Moscou é do século XII. Durante séculos, Kiev foi o centro de negócios da região. A Russia, maior em território, sempre se destacou entre os 15 países que compunham a USSR. Com o desmantelamento da União Soviética em 1989, surgiram nações independentes, como Russia, Belarus, Ukraine, Kirkistan, Tajikistan, Kazakistan, Turkmenistan, Latvia, Estonia, Lithuania, Georgia, Arménia, Azerbaijan, Uzbekistan e Moldávia.

O urânio, um mineral presente na Terra, após ser processado e separado, transforma-se em energia. Em cilindros, ele gera calor, que aquece a água, produzindo vapor que movimenta as turbinas responsáveis por gerar eletricidade. Trata-se de uma fonte de energia barata, mas cujo perigo está no manuseio. Um subproduto do processo é o plutônio, que produz ainda mais energia. Essa combinação foi descoberta durante a Segunda Guerra Mundial e inicialmente utilizada na fabricação de bombas, sendo posteriormente aproveitada para fins pacíficos na geração de energia.

Visitar esse local de tragédia, que infelizmente se tornou fonte de trabalho por meio do turismo, é uma experiência nostálgica, triste e histórica. É também um alerta sobre o que a humanidade é capaz de fazer. O homem criou uma energia tão poderosa que pode destruir a vida no planeta.

O viajante e explorador atual visita novos países, novas construções, edificações antigas, vestígios de civilizações e locais marcados por desastres. Entre esses lugares, estão campos de concentração, áreas de explosões de bombas atômicas e, como este, cenários de desastres nucleares, onde cidades-fantasmas compõem a paisagem.

Visitar locais onde o ser humano já esteve e deixou sua marca é uma oportunidade de vivenciar e aprender sobre eventos recentes que moldaram o planeta. Viajar é necessário, pois, no fim, tudo é uma questão de atitude.

Camino de Santiago de Compostela – Sarria a Santiago
Set. 2021

O caminho para Santiago de Compostela, em inglês *The Ways to St. James*, é uma rede de rotas que pode chegar a até 800 km e leva ao túmulo do apóstolo Tiago Maior (*St. James, the Greater*). Ele está localizado na catedral da cidade de Santiago de Compostela, capital da comunidade autônoma da Galícia, no norte da Spain, que conta com 2,7 milhões de habitantes. Essas rotas vêm sendo percorridas desde o século IX e, em 1985, foram reconhecidas como patrimônio da humanidade pela Unesco.

Em português, o apóstolo é conhecido como Tiago, originando o nome Santiago em espanhol (Santo Tiago). De acordo com a Igreja, Tiago foi um dos 12 apóstolos de Jesus, decapitado em Jerusalém, com seus restos mortais posteriormente trazidos para a Spain. O nome Compostela é atribuído a uma das versões mais românticas: deriva de *campus stellae* (campo de estrelas), ligado à história de um clarão visto por um peregrino, que revelou o local secreto do sepultamento do apóstolo. Esse significado também remete à destruição das rotas pelos islâmicos no século X e à sua posterior reconstrução. Mas basta de história ou lendas.

O caminho mais longo chega a 800 km. Escolhi o caminho francês, que tem origem na France e mede 118 km. Partindo de Sarria, o trajeto pode ser percorrido em quatro ou cinco etapas até a chegada à capital, onde é possível receber o selo final na credencial do peregrino, um reconhecimento oficial da Igreja.

Motivos – Paulo Coelho, em seu livro sobre o caminho, menciona: "Encontrar o seu caminho, encontrar a si, conhecer a si mesmo". Não é necessário vir aqui ou a qualquer outro lugar, pois a resposta está dentro de cada um. Descobrir o próprio caminho e aproveitar ao máximo tudo o que a vida oferece é um dever de todos, não no final da vida, mas desde cedo. Inicie seu caminho para Compostela o quanto antes.

As peregrinações, em diversas religiões, como o budismo, levam multidões a lugares onde estão relíquias de figuras veneradas por seus milagres ou santidade. Pessoas realizam esses percursos por motivos religiosos, espirituais, de fé, cura ou penitência. Hoje, o Caminho de Santiago também se tornou uma atração turística. Muitos o fazem como um desafio físico, para pagar promessas pessoais, pelo contato com a natureza, por férias ou simplesmente pela experiência de caminhar. Ainda assim, há quem mantenha objetivos religiosos ou espirituais. Exemplos de peregrinações incluem Mecca, Jerusalém, Roma, India, Sri Lanka, Nossa Senhora Aparecida, em São Paulo, e Caravaggio, no Rio Grande do Sul.

Antes de iniciar a caminhada, foi necessário partir de Montenegro para Porto Alegre, depois para São Paulo, apresentando o certificado de vacinação dupla. De lá, segui para Frankfurt em um Boeing 787, passando por uma inspeção minuciosa na alfândega alemã. Depois, viajei para Madri, onde foi necessário apresentar um QR Code de declaração de saúde e realizar um teste antigênico no aeroporto (gratuito, com resultado em poucos minutos). Dali, segui para o Terminal 4 e peguei um ônibus para Lugo, a 30 km de Sarria. Após 7 horas de viagem, cheguei a Lugo às 6h50 da manhã e, de táxi, fui para Sarria, onde, ainda no escuro, comecei a caminhada, seguindo os peregrinos que já estavam em movimento. Só essa jornada inicial já foi cansativa.

De Sarria a Portomarín são 23 km ou 32.254 passos, segundo o aplicativo no iPhone. O percurso oferece vistas incríveis, passando por propriedades rurais, tambos de leite, gado, ovelhas e muitas macieiras. Pequenos obeliscos indicam a contagem regressiva dos quilômetros até o destino. Ao longo do caminho, ouve-se frequentemente o desejo *"Buen Camino"*, dito por quem passa ou é ultrapassado. Portomarín é uma joia de cidade pequena, com 1.500 habitantes e 115 km², cuja economia é voltada ao turismo. Precisa vir e ver para sentir a atmosfera medieval.

De Portomarín até Palas de Rei são 26,5 km ou 34.701 passos, percorridos em cerca de 6 horas. O trajeto inclui paisagens rurais e plantações de milho, com propriedades muito mecanizadas. Palas de Rei, uma charmosa cidade com cerca de 3.500 habitantes, oferece hotéis e albergues, mas segue a prática espanhola da *siesta*: as lojas e supermercados fecham às 14h e reabrem às 16h30.

Missas em galego e inglês são realizadas em todas as comunidades. A religiosidade, com as municipalidades divididas em paróquias, mantém a tradição, e o peregrino é convidado a renovar sua fé, caso seja cristão, ou a reafirmar seus compromissos de justiça consigo mesmo, com os outros e com todos. Assisti a várias missas e, sendo de origem cristã e ex-estudante de seminário, onde as celebrações eram diárias, relembrei e renovei as tradições.

De Palas de Rei até Calles são 38,8 km ou 53.106 passos, percorridos em 9 horas e 30 minutos. Esse foi meu recorde pessoal. Por isso, decidi completar o restante do percurso em quatro dias, para ter mais tempo em Santiago.

Partindo de Calles sozinho às 6h da manhã, na escuridão, com a luz do celular, cheguei a Compostela às 14h, após me perder duas vezes, completando 33,2 km, ou 44.307 passos. Dirigi-me à praça central, em frente à catedral de Santiago, para tirar uma foto e comemorar. No total, percorri 121,5 km.

==Um rapaz de Gdansk, Polônia, levou 28 dias de bicicleta para fazer o trajeto. Ele ficou no mesmo albergue que eu no final da jornada, após pedalar 112 km, enquanto completei o mesmo percurso a pé em 4 dias.== Ele levará sua bicicleta de volta via Madri até Varsóvia. Cada peregrino tem sua história. Vale lembrar que as regras exigem, no mínimo, 100 km a pé ou 200 km de bicicleta para se obter o certificado oficial de peregrino. Não adianta vir de avião, helicóptero, trem, ônibus ou táxi.

Finisterre, que para os romanos e gregos era o "fim da terra", foi assim chamada porque acreditavam que o mundo terminava ali. O caminho de Santiago oferece dois destinos finais: Finisterre ou Muxia, cidades litorâneas conhecidas como a "Costa da Morte", devido ao grande número de naufrágios na região. Pelo caminho, encontra-se o maior celeiro (*hórreo*, em galego), construído no século XV e ainda em uso. Os celeiros, típicos da região, são construções elevadas com ventilação e pilares apoiados em pedras redondas, projetados para evitar a entrada de roedores. Eles servem para armazenar produtos agrícolas de forma segura.

Santo Tiago (St. James, em inglês) certamente nunca soube que a Igreja faria tanto *marketing* em seu nome. Santiago de Compostela voltou a ganhar fama a partir da década de 1970, embora já fosse popular na Idade Média devido à lenda do apóstolo que teria pregado o cristianismo na

Spain. Em 1970, apenas 63 peregrinos visitaram Compostela. Em 2019, o número chegou a 350 mil. Em 2021, houve mais um peregrino: alguém de Montenegro, no Rio Grande do Sul.

A cada dia no caminho, eu encontrava e conversava com outros peregrinos, seja durante a caminhada, seja nos albergues. E, assim como na vida, cada um seguia seu próprio percurso depois. Essa é a essência da jornada: família, amigos, colegas de trabalho, todos são transitórios. A analogia do trem resume bem a vida: em cada estação, passageiros entram e saem, até o momento em que cada um deve descer na sua estação final.

A catedral, construída ao longo dos séculos até alcançar sua forma atual, é imensa. Ela abriga o maior botafumeiro do mundo (um incensário), que é suspenso por cordas e balança na nave central da igreja para espalhar o incenso. Tive sorte de estar presente em uma missa especial, realizada para um grupo, com a exibição do botafumeiro no final. Confira no vídeo.

As ruelas da cidade, os prédios e os pavimentos remontam a séculos atrás, proporcionando uma verdadeira viagem no tempo. Aliás, quase toda a Europe oferece essa mistura de história e modernidade.

A casa de acolhimento ao peregrino, localizada na rua abaixo da catedral, número 33, expede o certificado de peregrino, em latim. Esperei 3 horas na fila para levar comigo esse *souvenir* especial.

A Coruña, a 30 minutos de trem de Santiago, é uma cidade costeira cuja principal atração é o farol mais antigo do mundo em funcionamento: a Torre de Hércules. Construído na época romana, no século I, o farol foi restaurado e ampliado ao longo dos séculos. Hoje, é um monumento imponente que simboliza a cidade e, desde 2009, é reconhecido como patrimônio da humanidade pela Unesco.

O sistema ferroviário espanhol é exemplar. O direito de ir e vir é respeitado com pontualidade e serviços impecáveis da Renfe. O trem de Santiago a Madri alcança velocidades de 250 km/h, completando o trajeto em 5 horas.

Para sair da Spain e retornar ao Brasil, foi necessário apresentar uma declaração de saúde para a Anvisa, o certificado de vacinação e um teste PCR. No aeroporto de Madri, o teste custou € 95,20, e o resultado saiu em 30 minutos. O mundo mudou, e a forma de viajar também sofreu transformações significativas, primeiro com os atentados de setembro de 2001 e, mais recentemente, com a pandemia da Covid-19.

Desejo para a sua caminhada: que o sol não queime sua pele, que a chuva não o deixe com frio, que o vento sempre esteja a seu favor, que seu futuro seja tão brilhante quanto o sol que brilha no céu e que nada atrapalhe seu caminho.

Nada mais oportuno que lembrar o poeta Roberto Frost neste texto: *The Road not Taken. And I took the less traveled by. And that has made all the difference.*

A experiência é única, pessoal. Não se fica insensível às emoções, ao contágio ao ver outros seres humanos buscando o seu caminho. Eu sou o caminho, a verdade e a vida. Cada um faz o seu caminho e a sua verdade e conduz sua vida com livre-arbítrio. Venha fazer sua experiência em uma peregrinação. Marque bem essas palavras e aja de acordo.

Por quê? Porque tudo é uma questão de atitude.

Transnistria
Abr. 2019

O não reconhecido país da Transnistria é um conflito congelado pós-soviético situado em uma estreita faixa de terras com 200 km de comprimento entre Moldávia e Ucrânia. Conhecido oficialmente como Pridnestrovian Moldovian Republic (República Moldava Pridnestroviana), o país celebra a herança soviética: estátuas de Lenin estão espalhadas por toda parte, e sua bandeira é a única no mundo que ainda mantém a foice e o martelo. A independência foi proclamada em 2 de setembro de 1990, após um breve conflito com a Moldávia, no qual milhares de soldados perderam a vida, conforme registrado no monumento central da cidade.

Tiraspol é a capital, com 130.000 habitantes. Ao todo, a população da Transnistria é de 500.000 pessoas, divididas entre russos, ucranianos e moldavos. O país tem sua própria moeda, o rublo transnistriano.

Apesar da estética soviética, não se trata de um sistema comunista, mas de outra forma de controle e exploração. Grande parte da economia pertence à organização Sheriff, que domina supermercados, postos de combustível, hotéis, academias e imóveis. Trata-se de uma economia sem competição, em que o governo, sempre patrocinado pela Sheriff, opera em um sistema de apoio mútuo. A organização é envolta em mistério: o proprietário não vive no local, e sua localização é desconhecida. No entanto, os habitantes pouco se preocupam, pois nada podem fazer a respeito.

A Russia não reconhece oficialmente a Transnistria, mas oferece amplo apoio. Bandeiras russas estão frequentemente hasteadas ao lado das transnistrianas. Por ser um território aparentemente sem leis claras e fora do radar internacional, a Russia utiliza a área para experimentos e armazenamento secreto de materiais.

Na vila de Kitskany, localizada do outro lado do rio, que atravessei em uma barca sem motor, está o Monastério Nemat. Esse local, famoso no mundo da Igreja Ortodoxa Russa, tem 150 anos e atrai peregrinos de Moscou, São Petersburgo e outras cidades em uma jornada anual de fé.

As avenidas largas da Transnistria foram projetadas para os desfiles anuais da época comunista. Estátuas e bustos de Lenin estão por toda parte, sempre imponentes e majestosos. Lenin, o idealizador da Revolução Russa de 1917 contra os czares, é uma figura central na identidade local.

A avenida principal de Tiraspol, decorada com bandeiras exibindo a foice e o martelo, é iluminada à noite e parece ter sido inaugurada recentemente. O patriotismo e a afirmação nacional são constantes, mesmo após 29 anos desde 1992.

Na cidade de Bender, com 50.000 habitantes, há outro monumento marcante: um tanque de guerra. Também se encontram uma casa de cultura transformada em cinema e uma estátua de Lenin com as datas de seu nascimento e morte (1870-1924). Lenin viveu 54 anos e liderou a revolução em 1917, falecendo sete anos depois. A estação de trem de Bender, enorme e vazia, opera com apenas um trem semanal entre Odessa e Moscou.

Visitando várias cidades, percebe-se uma semelhança marcante: avenidas largas, praças amplas, casas de cultura com teatros e estátuas de líderes históricos. Contudo, ao cenário tradicional, somam-se hoje marcas globais, como McDonald's, Domino's Pizza, Burger King, Ibis Hotel, Uber e grifes internacionais.

A Transnistria permanece em um limbo na comunidade internacional, o que reflete no comércio e, consequentemente, na vida de sua população, limitando suas perspectivas de crescimento pessoal às oportunidades oferecidas pelo país. É um lugar governado por uma única organização, por um único partido, que mantém o poder graças ao controle econômico.

A história, mais uma vez, parece se repetir. Civilizações apagam os marcos de seus predecessores, como os faraós egípcios. Regimes eliminam símbolos e feitos dos anteriores, como os comunistas fizeram durante a descolonização, renomeando ruas e apagando placas com emblemas antigos. Da mesma forma, governos democráticos revogam decretos e leis de administrações passadas. Assim, a história segue seu curso. No entanto, no final, o que importa é como cada um viveu e as marcas que deixou. Se forem resistentes, permanecerão por algum tempo, mas, inevitavelmente, desvanecerão com o passar dos anos.

Viajar é um dos melhores entretenimentos atuais. Aviões, trens, ônibus, aeroportos, grupos turísticos e lugares fora das rotas tradicionais nos expõem a culturas, costumes e comidas diferentes. Porque tudo é uma questão de atitude.

Bosnia I Herzegovina – Sarajevo
Abr. 2019

Bosnia I Herzegovina, ex-integrante da Iugoslávia, iniciou seu processo de dissolução em 1992. Atualmente, o país possui 3,5 milhões de habitantes. A principal cidade e capital, Sarajevo, tem uma população de 280 mil habitantes e é predominantemente muçulmana. Cristãos ortodoxos, cristãos católicos e judeus compõem as minorias. Em 1984, Sarajevo sediou os Jogos Olímpicos de Inverno. Oito anos depois, a Servia reivindicou parte do território, dando início a uma guerra sangrenta.

Conhecida como "Jerusalém da Europe", Sarajevo é famosa por abrigar religiões que convivem pacificamente. Na região de Kanton Sarajevo, existem 127 mesquitas, 25 igrejas (católicas e ortodoxas) e 5 sinagogas. O território do país é dividido em duas regiões: a Bosnia, ao norte, que ocupa 75% do território, e Herzegovina, ao sul.

A história da Bosnia I Herzegovina é marcada por ocupações. O Império Otomano dominou a região por mais de 400 anos, seguido pelo Império Austro-Húngaro. Foi em Sarajevo que o arquiduque Francisco Ferdinando, herdeiro do Império Austro-Húngaro, e sua esposa, Sofia, foram assassinados, evento que precipitou o início da Primeira Guerra Mundial. Após a era imperial, a região integrou a República Federal Socialista da Iugoslávia, liderada por Tito.

Com a independência das repúblicas, conflitos surgiram, incluindo a guerra da Bosnia I Herzegovina, que durou de abril de 1992 a novembro de 1995. Sarajevo foi sitiada por 1.425 dias. Durante esse período, um túnel sob o aeroporto foi construído para transportar alimentos e armas.

O genocídio de Srebrenica, no qual 8.372 muçulmanos foram mortos em poucos dias durante o quarto ano da guerra, e o bombardeio ocorrido em agosto de 1995 no centro de Sarajevo foram o estopim para que o então presidente dos United States, Bill Clinton, autorizasse ataques aéreos contra as forças sérvias. Em novembro de 1995, foi assinado nos United

States o Tratado de Dayton, que trouxe a paz para a região. Cabe registrar que o genocídio em Rwanda ocorreu em 1994.

O museu sobre Srebrenica relata, por meio de fotos e filmes, o horror do massacre de 8.372 muçulmanos ocorrido em apenas três dias, a partir de 11 de janeiro de 1995. Registra-se que a cidade de Srebrenica foi declarada pela ONU como uma zona segura. Soldados holandeses das forças de paz tinham sua base na cidade. Mesmo assim, os sérvios, sabendo que ali estavam reunidos milhares de refugiados, tomaram a cidade, separaram os homens com idades entre 18 e 70 anos, os mataram e deportaram o restante. Tudo isso aconteceu enquanto o presidente Slobodan Milosevic estava no comando. Ele morreu durante o julgamento em Haia, na Netherlands. Outros generais e oficiais também foram julgados no Tribunal de Haia e atualmente cumprem suas sentenças. Já os executores – soldados e civis – **não foram levados a julgamento devido ao silêncio das pessoas.**

Durante esse período, foram disparados cerca de 500.000 mísseis, uma média de 3.299 por dia. Em 22 de julho de 1993, foram registrados 3.777 disparos em um único dia. Por isso, a cidade está repleta de "rosas vermelhas" – pinturas no chão marcando os locais onde as bombas explodiram. Esses espaços foram desenhados na cor vermelha, simbolizando sangue, com um formato que lembra uma rosa aberta. A propósito, quem forneceu todos esses mísseis?

Esse conflito, assim como os de outras repúblicas, enfraqueceu economicamente toda a região. Atualmente, existem seis repúblicas frágeis e pobres. Sobre a Bosnia I Herzegovina (BiH), observa-se um turismo pujante em Sarajevo. Na cidade velha, as ruas estão lotadas de turistas entre restaurantes e lojas. Já na cidade nova, há edifícios modernos, *shopping centers* de excelência e transporte acessível com *trams* baratos. No entanto, o desemprego ainda é alto, cerca de 40%.

O convite feito pela União Europeia (UE) para que Serbia, Croatia e BiH se unissem ao bloco não foi aceito pelos dois primeiros, o que teria exigido um progresso mais acelerado.

O sistema de governo da BiH é bastante peculiar. São três presidentes, um de cada grupo étnico (croatas, bósnios e sérvios), que se revezam a cada seis meses, sendo necessária a concordância de todos para decisões importantes – algo que, frequentemente, não acontece. Nas reuniões da ONU ou em eventos internacionais, participa o presidente que estiver em exercício no período. Além disso, o país é dividido em 14 zonas governamentais, com cerca de 140 ministros, além de deputados e prefeitos.

O famoso livro *Haggadah*, manuscrito que conta a história da Páscoa, surgiu em Barcelona em 1350 e está atualmente no Museu Nacional da BiH. Seu valor está sob investigação, mas foi pago um seguro de 7 milhões de euros para transportá-lo para uma exibição. Duas vezes por semana, ele pode ser visto no museu em Sarajevo. Esse manuscrito foi salvo diversas vezes das mãos de inimigos. O caso mais interessante relata que, durante a busca pelos soldados de Hitler, o responsável pelo local, um muçulmano, informou que outros soldados já o haviam levado horas antes. Na verdade, ele o havia escondido.

Na Mesquita Gazi Husrev Beg, construída em 1530, bem conservada e ainda em funcionamento, há, em seu pátio, na torre, um relógio que mostra as horas de acordo com o calendário lunar. Ou seja, ele indica o início e o fim do dia conforme o amanhecer e o anoitecer, precisando ser atualizado a cada 14 dias de acordo com os movimentos planetários. O calendário gregoriano, adotado pela maioria, alterou esse hábito. Também se encontra aqui o banheiro público de 1530, da época da construção da mesquita, sendo o único da cidade antiga onde não se paga para usar.

Em virtude dos massacres dos judeus, Sarajevo abriga o segundo maior cemitério judaico do mundo, ficando atrás apenas do cemitério em Praga.

Sobre a culinária, destaca-se o prato *Cevapcici*, que figura entre as dez melhores receitas e pratos mais apreciados do mundo, ocupando o terceiro lugar, à frente do *sushi*. Trata-se de um prato com pão, carne moída em forma de salsicha e cebola. Muito gostoso.

Quanto ao hábito de fumar e tomar café, em todo o Leste Europeu há um grande consumo de ambos. Aqui em Sarajevo, fumar em ambientes fechados é permitido, e isso é bastante comum. Inclusive, é possível pedir café que vem acompanhado de água, um docinho, um cigarro e um acendedor – um pacote completo.

A cidade tem muita história e prédios históricos, preservando a arquitetura dos períodos otomano, austríaco e comunista, lado a lado. É uma cidade vibrante, tanto pelos turistas quanto pelos jovens locais, que ainda se recuperam e tentam esquecer a guerra. Além disso, Sarajevo tem fácil acesso a outras capitais da Europe. Afinal, tudo na Europe é perto. Estou partindo daqui para Pristina, capital do Kosovo, em uma viagem noturna de ônibus que levará 10 horas.

Na estação de ônibus internacional de Sarajevo, Autobuska Stanica, há várias placas com frases como: "Viajar ensina tolerância", "A viagem é o que importa e não a chegada", "A viagem é melhor medida pelas amizades e não pelas milhas", "O mundo é um livro, e aqueles que não viajam leem somente uma página".

É por essas e outras coisas e frases que reafirmo: tudo é uma questão de atitude.

OCEANIA

Japan – Okinawa Island
Maio 2017

Okinawa, ou ilhas de Okinawa, sendo esta a maior, tem uma população total de 1,3 milhão de habitantes. O Japan, por sua vez, conta com um total de 127 milhões de habitantes. Aqui, parece ser outro Japan. E é. Explico. A ilha foi um reino, o Ryukyu Kingdom, até 1906, e, na época da expansão do Japan, foi conquistada, permanecendo sob controle japonês até o fim da Segunda Guerra, em 1945. Nesse período, por meio de um tratado favorável aos americanos, as ilhas ficaram sob a administração dos United States até 1972, ou seja, por 27 anos. Durante esse tempo, além de mudanças culturais, até o lado de dirigir foi alterado. Em 1972, os japoneses receberam as ilhas de volta, e a cultura local foi rapidamente restaurada. Um exemplo simples disso foi a mudança do lado de direção, que voltou a seguir o padrão japonês, entre outras transformações que acompanham uma transição desse tipo.

O palácio do Reino Ryukyu, reconstruído após ter sido quase totalmente destruído durante a Batalha de Okinawa, hoje conta a história do início da povoação da ilha e foi declarado patrimônio cultural da humanidade pela Unesco.

Aqui parece outro Japan. Continuo explicando. Minha primeira impressão foi de estar chegando ao Havaii. Depois descobri que os próprios moradores fazem essa comparação. Isso se deve ao clima, aos produtos locais, como abacaxi, cana-de-açúcar e frutas tropicais, e à maneira mais descontraída de se vestir e comportar, embora a educação e a gentileza típicas do Japan continuem presentes, especialmente no trânsito. É comum ver camisas e roupas floridas, no estilo havaiano, tanto nas vitrines quanto nas ruas. Também há muitos imigrantes trabalhando na ilha, incluindo filipinos, nepaleses, taiwaneses e colombianos.

A cultura americana ainda está muito presente. Mais da metade (66%) das bases militares que os United States possuem no Japan estão localizadas em Okinawa, somando 33 bases e aproximadamente 30.000 soldados de diversas infantarias. Desde 1945, o tratado que favorece os United States exige que o Japan contribua financeiramente para a manutenção dessas bases. Conversei com alguns soldados que estavam no centro de Naha em seus dias de folga. A localização de Okinawa é estratégica desde o fim da Segunda Guerra, pois cobre toda a Asia. Além disso, o clima é sempre ameno, com temperaturas nunca abaixo de 10 °C, o que dispensa o aquecimento dos motores dos jatos. Os United States têm uma visão de longo prazo, e suas ações, sejam de líderes, generais ou presidentes, não são pensadas apenas para o momento presente, mas também para um futuro distante. O tratado de 1945, firmado por líderes que já não estão mais aqui, continua produzindo resultados até hoje.

O Okinawa Churaumi Aquarium, atualmente o terceiro maior do mundo – tendo sido o maior até a construção do aquário da Geórgia e do aquário do *shopping* de Dubai –, é impressionante. A baleia-tubarão (*whale shark*), a maior dessa espécie, é a principal atração, ocupando um espaço enorme no aquário. O parque onde ele está localizado, o Ocean Expo Park, foi construído para a Expo de 1975, celebrando o retorno das ilhas ao Japan em 1972. Em 1985, houve outra Expo Mundial no Japan, em Tsukuba, na qual participei como convidado da Yamaha.

O Ryukyu Mura Park preserva a tradição local, com exposições e apresentações artísticas, como o estilo Eisa, além da fabricação de doces feitos com melado de cana e batata-doce e artesanato que conta a história do passado.

O Prefecture Peace Memorial Museum (Parque Memorial da Paz), foi construído para registrar e homenagear os mais de 200 mil mortos na Batalha de Okinawa, a última do Japan durante sua era expansionista. Essa era, que buscava enriquecer o país com um exército forte, durou de 1931 até 1945, quando tudo mudou. A Batalha de Okinawa foi a mais sangrenta de todas, apelidada de "tufão de aço" devido à quantidade de bombas utilizadas. Atualmente, o Japan não tem exército, contando com um acordo de defesa com os United States.

O monumento a Himeyuri, na prefeitura de Itoman, é dedicado aos estudantes (220) e professores (16) que perderam a vida enquanto estavam escondidos em cavernas naturais da região. Em determinado momento, por ordem, soldados americanos retiraram todos das cavernas. Algumas crianças, com medo de serem descobertas, não responderam ao chamado.

Os soldados, acreditando que as cavernas estavam vazias, lançaram bombas. Apenas cinco crianças sobreviveram. Atualmente, estudantes e turistas realizam peregrinações ao local para prestar homenagens.

Cavernas com estalactites e estalagmites existem em várias partes do mundo. Já as visitei no Mato Grosso e na Coreia do Norte. A maior caverna está no estado de Kentucky, com mais de 600 km. Aqui, a Limestone Cave, no Okinawa World Culture Kingdom, chamada Gyokusendo Cave, tem cinco quilômetros, sendo 980 metros abertos ao público. A diferença está nos detalhes. Por ser no Japan, a infraestrutura é superior: passarelas de ferro protegidas para os pedestres e, na saída, uma escada rolante para levar à superfície. O Japan é de outro nível no turismo.

O *shopping center* AEON Mall, na cidade de Okinawa (a ilha também é chamada de Okinawa), fica a uma hora de ônibus de Naha. É muito moderno, grande, com um lindo aquário, e pode ser comparado aos *shoppings* dos Arab Emirates. O complexo conta com uma estação de ônibus integrada. Olhando o mapa, você verá onde está o Japan e, em seguida, Okinawa. Parece o fim do mundo, no extremo sul dos oceanos. Ainda assim, o lugar é moderno, desenvolvido e permanece estrategicamente importante para o mundo devido às bases militares dos United States, mesmo enfrentando cerca de 25 tufões por ano.

Sobre comida, observe as vitrines dos restaurantes nas fotos. Elas são extremamente atrativas. Além disso, quase todos os restaurantes têm vitrines com réplicas dos pratos feitas de plástico, tão realistas que parecem ter sido preparados na hora.

O Japan é um dos poucos países onde se pode beber água da torneira em qualquer lugar. Também tem o maior número de máquinas automáticas de vendas (*vending machines*), disponíveis em todos os lugares, assim como os minimercados Family Mart, 7-Eleven e Lawson.

Ah... como fui e voltei? Essa é a parte mais simples. Saí do meu escritório em Montenegro a pé até a rodoviária, peguei um ônibus até Porto Alegre, metrô até a estação aeroporto, trem *coaster* até o terminal aéreo em São Paulo, voo até Frankfurt em um Boeing 747 da Lufthansa e depois para Seoul em um Airbus A380, no segundo andar. Segui para Taipei em um triple 777, depois para Tokyo com a ANA. De lá, peguei um voo interno com uma LCC (*low-cost company*), a Vanilla, de Tokyo até Naha, em Okinawa. Para o retorno, voei de Tokyo para Toronto e de Toronto para

São Paulo, ambos pela Canada Airlines, em um B787, e finalizei com um voo São Paulo–Porto Alegre pela Avianca. A única mordomia foi a carona de Porto Alegre até Montenegro (Rejane veio me buscar).

Sem contar as horas de espera nos aeroportos, que passei nos *lounges* da Star Alliance, com direito a comida, bebida e banho. Ser um turista semiprofissional cansa. Para constar, os dois aviões mais modernos atualmente, o A380 e o B787, são máquinas incríveis. No fim das contas, o que importa além do destino é a jornada.

Finalizo este roteiro de 30 dias, que incluiu Seoul, Taipei e várias cidades do Japan, encerrando nas ilhas de Okinawa, no extremo sul do mundo. Okinawa parece mais com o Havaii do que com o Japan, e a experiência valeu a pena. Serviu para reforçar minha frase: "somos necessários aqui e agora, dispensáveis depois e no além". Portanto, faça o que deve e o que pode fazer agora, pois que planos você poderá fazer sentado em sua cadeira de balanço ou sofá, quando seus joelhos já não aguentarem mais? Ou que planos poderá fazer quando estiver sete palmos abaixo da terra ou transformado em pó, retornando à natureza?

Por quê? Porque tudo é uma questão de atitude.

Cambodia – Siem Reap
Jan. 2015

Na Indochina, o Reino de Cambodia, com 14 milhões de habitantes, tem como capital Phnom Penh. A cidade de Siem Reap, que já foi a capital, abriga o complexo de templos de Angkor Wat, o maior complexo religioso do mundo. Construído no século XII, foi reconhecido pela Unesco como patrimônio da humanidade em 1992. Edificado durante o reinado Khmer e dedicado a Vishnu, o templo mais bem conservado é hoje o símbolo da bandeira nacional e a principal atração turística do país.

Siem Reap é uma verdadeira Torre de Babel, com turistas do mundo inteiro constantemente presentes. Aliás, isso é comum em toda a Indochina – Laos, Vietnam, Myanmar, Cambodia e Thailand – devido às paisagens exóticas para os ocidentais, ao custo de vida mais baixo em relação à maioria das moedas, inclusive o Real brasileiro, e à receptividade do povo asiático, que se destaca pela espontaneidade e alegria. A propósito, a moeda da Cambodia também se chama Real, como no Brasil, mas não aceitaram os meus reais aqui. Porém, não precisei trocar dinheiro, pois paguei tudo com dólares americanos. O troco em centavos é dado na moeda local, e as duas moedas circulam simultaneamente.

O complexo religioso, inicialmente hinduísta e posteriormente budista, é impressionante. Construído no século XII em uma região de chuvas abundantes, foi abandonado e, com o tempo, invadido pela floresta. As árvores, com suas raízes, literalmente destruíram partes das construções. O que a natureza não recuperou, as guerras recentes, de 1975, ajudaram a destruir – algo similar ao que está acontecendo na Syria atualmente. Governos como os da India, do Japan e da China firmaram acordos de cooperação para restaurar diversos templos, e esse trabalho está em andamento.

Em 1979, o Vietnam ajudou a Cambodia a se libertar do regime francês. Desde então, o Vietnam exerce influência no governo, no controle das exportações e no turismo, ficando com parte do orçamento nacional como pagamento de guerra. O atual primeiro-ministro, que está no poder há 30 anos, já se proclamou rei, paralelamente ao monarca atual, que tem 60 anos e exerce um papel meramente figurativo, sem poder político.

No passado, o território da Cambodia era dez vezes maior do que o atual. Disputas entre membros da família real, que buscavam apoio de nações vizinhas em troca de terras, resultaram na redução do território para os limites atuais.

O cotidiano da vida na época, retratado em desenhos esculpidos nas pedras dos templos, é semelhante ao que se encontra nas ruínas de Tikal, na Guatemala, em Machu Picchu, no Peru, em Chichén Itzá, no Mexico, nas Pirâmides do Egypt, nos templos da India, em Lalibela, na Ethiopia, na Ilha de Páscoa, em Belém, Israel, e em vários outros sítios arqueológicos que visitei. Ao ver isso novamente aqui em Cambodia, pensei em como nossa civilização será desenterrada no futuro e que história será contada. Como os *hard drives* e os arquivos na nuvem serão descobertos?

Hollywood contribuiu muito para divulgar Cambodia ao mundo. O filme *Lara Croft: Tomb Raider*, com Angelina Jolie, teve suas cenas principais filmadas em Siem Reap, no complexo de Angkor Wat. A propósito, Jolie adotou uma criança da Cambodia, comprou terras na região e está ajudando a eliminar minas terrestres enterradas durante a guerra, que ainda causam vítimas.

O que tenho comprado em minhas viagens são, principalmente, ingressos para *shows*. O espetáculo *Smile of Angkor*, em Siem Reap, é magnífico. Ele conta a história dos reis e dos deuses, a batalha entre o bem e o mal e a restauração do equilíbrio na terra, com histórias entalhadas nas paredes dos templos. Com figurinos vibrantes, tecnologia em enormes telas, cenários e iluminação, o *show* é criativo, belo, inspirador e profundo em sua mensagem. O Cambodian Circus também é imperdível. Simples, feito por artistas locais que recebem apoio para estudar, transmite alegria e entusiasmo pela vida – algo que todos deveriam cultivar.

Viajar por terras que, por séculos e gerações, foram palco de vitórias e dificuldades humanas me faz viver a vida com ainda mais intensidade, responsabilidade e entusiasmo, sempre pronto para a próxima jornada. Aliás, nunca tiro tudo da minha mochila.

Por quê? Porque tudo é uma questão de atitude.

Republic of Maldives, Malé – Paradise Island Resort
Jul. 2021

Maldives, oficialmente Republic of Maldives – uma república Muçulmana –, está localizada no norte do Oceano Índico, próximo ao Sri Lanka e à India. O país é composto de 1.190 pequenas ilhas de coral, agrupadas em 26 atóis. A capital, Malé, é a maior cidade, com 300.000 habitantes, enquanto o país inteiro conta com uma população de 530.000 pessoas. Inicialmente habitado por budistas, o islamismo foi introduzido no século XII. As Maldivas foram ocupadas pelos portugueses no século XV e administradas através da colônia de Goa, na India. Em 1887, tornaram-se um protetorado britânico e conquistaram a independência em 26 de julho de 1965 como um sultanato islâmico. Três anos depois, adotaram uma nova constituição, transformando-se em uma república.

O idioma oficial é o Dhivehi, com raízes no sânscrito, mas o inglês é amplamente falado. Em 26 de dezembro de 2004, um *tsunami* devastou o país, destruindo significativamente 33 ilhas e arrasando completamente outras 14. No desastre, 82 pessoas perderam a vida.

Hulhumale, uma ilha artificial próxima à capital, conectada por uma ponte construída pelos chineses, está sendo desenvolvida por meio do bombeamento de areia do mar. O objetivo é criar uma cidade sustentável para o presente e o futuro. Hulhumale já conta com partes finalizadas, enquanto outros edifícios estão em construção.

A menor capital de um país insular, com aproximadamente 4 km², Malé é limpa e marcada por ruas estreitas, repletas de motonetas e motos estacionadas. Em algumas vias, apenas pequenos carros conseguem passar. Nas rodovias, há mais motos do que carros. A Mesquita Hukuru Miskiy, também conhecida como The Malé Friday Mosque, datada de 1658, é um marco preservado da arquitetura maldiviana. Em seu pátio, encontra-se um cemitério onde está sepultado Muhammad Shamsuddin III, Sultão das Maldivas (1879-1945), além de outros políticos da história nacional.

No dia 26 de julho, as ruas estavam decoradas com bandeiras em comemoração à independência. A cidade também conta com praias artificiais para a população, além de escolas e atendimento médico fornecidos pelo governo. Há um porto e um mercado público, e, como em todo o mundo, as diferenças aparecem apenas na geografia, no idioma e na religião.

A pesca e o turismo são os pilares da economia maldiviana. Os *resorts* de luxo, com bangalôs sobre as águas operados por redes internacionais, atraem turistas de todo o mundo. Durante a pandemia, o governo facilitou a entrada de turistas e chegou a oferecer vacinas, o que impulsionou novamente o turismo.

Viajar nesse período exigiu testes de PCR para comprovar a ausência de Covid-19, com atrasos nos resultados antes do embarque, longas esperas em aeroportos, voos de 12 horas e mais 8 horas, seguidos de uma viagem de barco até o *resort*. Novos testes de PCR foram necessários para o retorno ao Brasil, além do preenchimento de formulários de declaração de saúde.

No aeroporto de Istambul, o maior do mundo, vários setores estavam fechados, operando a meia capacidade. As fronteiras da Turquia ainda estavam restritas, o que impediu a saída da área internacional do aeroporto.

O itinerário incluiu voos de Porto Alegre – São Paulo – Istambul – Malé e Malé – Istambul – São Paulo – Porto Alegre. Havia ainda o risco oculto de um teste PCR positivo no retorno, o que teria exigido quarentena, pois o embarque só é permitido com resultado negativo. Felizmente, o teste foi negativo – ufa!

A geografia das ilhas, a beleza natural das praias, o clima tropical, a história do país e a abundância de peixes, tubarões, arraias e outras criaturas marinhas visíveis dos bangalôs e trapiches fizeram tudo valer a pena. Foi também uma oportunidade de observar o estágio quase pós-pandêmico do turismo, com máscaras nos aviões e aeroportos, além de uma demanda reprimida que agora busca destinos paradisíacos.

Os 149 *resorts* e marinas, além de hotéis e pousadas, mostram o grande potencial turístico do país. A mística e a fama adquiridas pelas deslumbrantes praias, a localização quase imperceptível no mapa-múndi, as águas de tons azulados e esverdeados e os esportes aquáticos atraem cada vez mais visitantes. Apesar de ser um destino caro – devido à escassez de terra –, sua beleza única faz tudo valer a pena.

A eletricidade é gerada por geradores a óleo diesel, em câmaras à prova de som. O transporte de funcionários e serviços é feito com bicicletas, motonetas e carrinhos de golfe, todos elétricos. Dessa forma, a poluição sonora se resume ao vai e vem das ondas do mar, ao som dos pássaros, ao murmúrio dos hóspedes em diversos idiomas e aos hidroaviões no céu. A atenção dos visitantes também é desviada pelos muitos coelhos brancos e mansos que habitam o atol. A água utilizada é dessalinizada, um processo ainda economicamente dispendioso.

O atol onde eu e Rejane ficamos foi o de Lankanfinolhu, próximo à capital Malé, no Paradise Island Resort do grupo Villa Hotels. Nessa ilha de coral, a população é composta de 800 empregados do hotel, que formam uma comunidade com armazém, alojamentos, oficinas, marcenaria e trabalhadores de diversos ofícios. Tivemos a oportunidade de assistir a um *show* de danças na noite dos empregados.

Em tempos normais, os europeus, indianos e russos eram a maioria. Agora, durante a pandemia, os russos predominam, pois seu governo permitiu viagens de ida e volta.

Nunca pensei que conseguiria vir às Maldivas em julho de 2021; sempre achei que seria em outra data.

Planeta Terra: essas são as minhas viagens, em uma missão de muitos anos, para explorar novos destinos, novas culturas, novas geografias, para pesquisar civilizações antigas e audaciosamente ir onde nunca estive antes.

Afinal, tudo é uma questão de atitude.

ANTÁRTICA

Antartica Expedition
Dez. 2018

    A aventura na Antártica começa pela Cidade Autônoma de Buenos Aires (CABA). Até 1996, o prefeito era indicado pelo presidente da república, mas, a partir desse ano, eleições democráticas escolhem o prefeito. São 14 milhões de habitantes, sendo a cidade mais visitada da South America e a segunda da Latin America, depois de Mexico City.

    Os *shows* de tango são uma das atrações turísticas. O tango começou nas regiões humildes e se transformou em folclore nacional. A casa de *shows* Tango Porteno, a poucas quadras do Obelisco, apresenta um *show* diversificado, atual e dramático. O jantar, com opção de carne argentina, é uma degustação da culinária local. A arquitetura europeia ainda paira sobre a cidade e é bem conservada.

    Em um voo *charter* de quase quatro horas, chega-se à Ushuaïa, a cidade mais ao sul do planeta, a terra do fim do mundo, a terra do fogo. Fundada em 1884, Ushuaïa fica na divisa com o Chile, no canal de Beagle. Ushuaïa, o fim do mundo, o início de tudo, é um porto e um ponto turístico importante da Argentina. Aqui chegam os grandes navios de cruzeiros e daqui partem os navios de expedição para a Península Antártica. São 1.000 quilômetros ao sul até as ilhas Shetland.

    O Parque Nacional Tierra del Fuego, onde está a Unidad Postal Del Fin Del Mundo, do correio argentino, é um ponto para carimbar o passaporte e enviar postais para o resto do mundo. No centro da cidade, com uma população de 60 mil habitantes (eram 4.000 em 1980), estão os dizeres: "As Malvinas são e serão argentinas. Ushuaïa, capital das Malvinas", alusivos à disputa, ainda não resolvida, com o United Kingdom. Também no parque nacional, finaliza-se a Ruta nº 3, que começa em Buenos Aires, ou seja, 3.079 km. Essa rota faz parte da Rota Pan-americana, que vai até o Alasca.

    Antártica, Antártida, Península Antártica, localizada a partir do paralelo 61º, engloba 14.000.000 km² de terras cobertas quase na totalidade por gelo permanente. No verão, alguns km² se mostram. Aves, leões-marinhos e pinguins de diversas espécies são os principais habitantes, além das baleias, incluindo a maior delas, a baleia-azul. Não é um país, mas sim um continente, o sétimo continente, regido por um tratado entre 60 nações, iniciado com 12 nações em 1958 no International Geophysical Year (IGY). Atualmente, são 30 bases instaladas. O Brasil é signatário do tratado. No passado remoto, o clima era tropical, mas a movimentação das placas tectônicas, o fechamento do canal do Panamá e a abertura do estreito de Drake provocaram a mudança de direção das correntes marítimas, isolando a atual Antártica.

Desde Sir Francis Drake, em 1580, que fez a primeira navegação pela passagem que leva seu nome, estreito de Drake, até James Cook, que quase chegou à Antártica em 1773, até William Smith, que em 1820 chegou às primeiras ilhas que compõem a Península.

As ilhas Shetland foram a primeira parada, onde muitas colônias de pinguins, a maioria da espécie Gentoo, têm os ninhos sobre as pedras. Também há pinguins Chinstrap e Adelie. Eles têm aproximadamente três meses para reproduzir e criar seus filhotes. Em seguida, eles retornam ao mar, deixando os filhotes para trás, que permanecem mais algumas semanas antes de irem ao mar. O casal se reveza nos cuidados dos ovos. Aves predadoras estão sempre à espreita. Presenciei uma ave em voo rasante, assustando o casal e, no retorno, pegando um ovo. Existem 19 tipos de pinguins no mundo.

Icebergs são constantemente produzidos pelos rios de gelo, que estão sempre em movimento, alimentados pela neve. Esses rios se deslocam ao redor da Península, afastando-se e desaparecendo nas águas mais quentes. Noventa por cento da água potável do mundo está na Antártica. Já foi cogitado um projeto para levar *icebergs* para a Africa do Sul.

Quando perguntado por amigos por que eu iria à Antártica, eu sempre respondia que era para conferir se Al Gore está certo. Fiz a mesma pergunta aos palestrantes no navio: as pesquisas científicas mostram que, nos últimos cinquenta anos, a temperatura aumentou entre 2 e 5 °C na Península e que definitivamente a ação do homem teve e continua tendo impacto. Razões políticas, econômicas e negociais ainda impedem as nações de agir prontamente, mas em algum momento isso será superado, e as ações previstas pelo Acordo de Paris serão implementadas.

O navio Endeavour, com 120 tripulantes de 18 nacionalidades e 206 passageiros, é um navio pequeno. É uma navegação-expedição sem roteiro fixo, pois o clima comanda a rota. Palestras sobre pássaros, baleias, *icebergs* e clima foram ministradas por professores e estudiosos, tornando a expedição instrutiva.

Por ser um navio pequeno com poucos passageiros, ele é mais aconchegante. A tripulação interage com os passageiros, que, por sua vez, interagem entre si, de modo que um clima de proximidade se constrói de imediato, sendo uma experiência singular

A seguir, confira algumas frases dos exploradores do passado que vieram para desvendar e descobrir essa parte do mundo, cujos sacrifícios e persistência são inspiração atual:

- "Sempre veja os seus objetivos e não os obstáculos."
- "Devagar, devagar se alcança os objetivos." – Roald Amundsen
- "Eu acharei um caminho ou farei o meu caminho."
- Ou simplesmente: "Pela diversão, pelo prazer".

Nas ilhas Cierva & Mikkelsen, durante um passeio de barco, avistavam-se *icebergs*, um mar de gelo, focas, pinguins na água, neve e um mar que alternava entre calmo e revolto. O frio era intenso, e a água, gelada. Mesmo com roupas à prova d'água, o frio penetrava. O tempo mudou abruptamente, forçando o retorno ao navio. O vento e a neve começaram, e as atividades externas foram canceladas, já que a neve persistiu por mais de dez horas.

Roald Amundsen, em sua extraordinária expedição, alcançou o Polo Sul (90°), no centro da Antártica, em 13 de dezembro de 1911. Há 107 anos, os homens dessa expedição, com navios de madeira, cães e instrumentos precários, chegaram lá. Dois anos antes, em 1909, a expedição de Robert Peary atingiu o Polo Norte. As terras congeladas foram conquistadas pelo homem no início do século passado.

O Canal Lemaire, ou Lemaire Channel, apresenta montanhas majestosas cobertas de gelo, visíveis ao lado do navio. A Antártica é diferente do turismo convencional, um lugar espetacular para fotos, com montanhas, geleiras e *icebergs* refletindo tons de azul e muito gelo. O Porto Charcot, nome dado em homenagem ao pai de Jean-Baptiste Charcot, que veio aqui em 1909 e passou um inverno, ainda guarda resquícios de sua expedição, como uma cruz e uma marca de pedras. O porto, habitado por leões-marinhos e milhares de pinguins, está no paralelo 65,1. As ilhas Petermann são outro paraíso para pinguins, leões-marinhos e aves.

É possível colocar os pés na Península Antártica em Port Lockroy, que funcionou como base do United Kingdom entre 1944 e 1962, durante a Segunda Guerra Mundial. Hoje, abriga um museu, um posto de correio (Penguin Post Office) e uma loja de *souvenirs*. A base é cercada por ninhos de pinguins-gentoo, que vêm se reproduzir no verão. Funciona sob o Tratado Antártico como um local histórico e antiga estação de pesquisa britânica.

Na volta, a travessia do Estreito de Drake foi intensa, com o mar agitado e o navio balançando muito. Muitos passageiros ficaram enjoados, e o salão de refeições ficou praticamente vazio. A médica do navio distribuía pílulas para enjoos. Pratos, bandejas, copos e cadeiras dançavam com as ondas. Andar exigia equilíbrio e apoio nos corrimões. As cadeiras do restaurante estavam presas ao chão com correntes. Foi uma experiência que lembrava as dificuldades dos exploradores antárticos em barcos pequenos e sem tecnologia moderna. Faz parte da aventura para descobrir o sétimo continente.

==Em uma frase, a Antártica é um território desafiante, incrível e diferente: "É como estar em outro planeta, no nosso planeta". O Ártico refere-se ao norte, e o oposto, Antártica, ao sul.==

Por que fui atraído para cá? Por que sou atraído por viajar pelo mundo? Porque, ao viajar, percebe-se como a vida é simples, valiosa e preciosa. Longe das picuinhas do dia a dia, o comportamento muda, e a atenção se volta ao que realmente importa.

Por que viajar? Por que conhecer o mundo? Por que sair da zona de conforto? Por que conhecer a Antártica? Porque é mais tarde do que você pensa. E porque tudo é uma questão de atitude.

Agora que conquistei o território gelado, não é mais apenas a Antártica, mas sim a **Hansartica**.

FILOSOFIA

XIII Conferência Mundial de GL – Romania
Maio 2014

Entre os dias 14 e 18 de maio de 2014, em Bucharest, na Romania, ocorreu a reunião das Grandes Lojas Regulares Maçônicas do Mundo, reunindo 106 Grandes Lojas de todos os continentes, com delegações que totalizaram mais de 260 pessoas.

A abertura do evento aconteceu no Parlamento da Romania, considerado o segundo maior prédio do mundo, atrás apenas do Pentágono, e construído durante a era do ditador Nicolae Ceaușescu, sendo um símbolo do período comunista.

No discurso de abertura, o respeitável irmão Thomas Jackson, Secretário Executivo da Conferência por 16 anos e que estava deixando o cargo nessa ocasião, destacou a necessidade de manter a qualidade do comprometimento dos novos membros. Ele também enfatizou que as lideranças devem focar esforços para reduzir ou eliminar conflitos entre as próprias Grandes Lojas. O Grão-Mestre anfitrião, da Grande Loja da Romênia, Ir. Radu Bălănescu, ressaltou a importância da confraternização entre os líderes mundiais da maçonaria. Durante o evento, o Ir. Radu foi escolhido, em escrutínio secreto, para o cargo de Secretário Executivo da Conferência Mundial de Grandes Lojas, com mandato de quatro anos e meio.

Nos *workshops* realizados, o principal tema discutido foi "Lidando com a sociedade". A delegação brasileira contou com mais de 65 membros, representando as 27 Grandes Lojas da CMSB, o Grande Oriente do Brasil e, como observadores, quatro Orientes Estaduais Independentes. Do Rio Grande do Sul, estiveram presentes o Grão-Mestre da GLMERGS, Ir. Lessa; o Grande Secretário de Relações Exteriores, Ir. Fulvio, que escreve este relato como Past Grand Secretary; e o Grão-Mestre do GORGS, Ir. Drago, como observador.

Uma ausência notável, já observada em outros eventos da conferência, foi a das três Lojas Mães: England, Escócia e Irlanda. Vale lembrar que foi em Londres, em 1717, que a maçonaria moderna começou de forma organizada. A Grande Loja da England esteve representada apenas por um oficial de menor escalão, na condição de observador.

As regras de regularidade e reconhecimento continuam a ser um tema central, e essas mesmas normas impedem que muitos grupos convivam em harmonia nos mais diversos territórios ao redor do mundo. No caso do Brasil, mesmo havendo um acordo formal de divisão territorial, o Grande Oriente do Brasil nega esses tratados.

Estive presente nas conferências em Libreville, no Gabon; em Chennai, na India; e agora em Bucharest, na Romania. Em número de participantes, esta última foi a maior. Contudo, em termos de resultados práticos, percebo que os mesmos conflitos entre Grandes Lojas continuam sendo discutidos nos bastidores. O mesmo acontece na Conference of Grand Masters of North America (CGMNA), especialmente na comissão de reconhecimento.

Não confunda sua caminhada com seu destino. Só porque está chovendo e há tempestades, não significa que você não esteja caminhando em direção ao tempo bom.

Detroit, Michigan, USA
Jul. 2022

A maior cidade desse estado tinha uma população de 640.000 habitantes em 2021. A região metropolitana de Detroit conta com 4,3 milhões de pessoas. Conhecida pelos apelidos Motor City, Motown e *The town that put the world on wheels*, a cidade ganhou destaque pela indústria automobilística e pela música. Fundada em 1701, está localizada na região dos Grandes Lagos, na divisa com o Canadá, possuindo uma longa fronteira com o país.

As Três Grandes indústrias automobilísticas – Ford, General Motors e Chrysler – têm suas sedes em Detroit. Henry Ford, um dos principais nomes desse setor, construiu seu primeiro carro em 1896 e fundou a Ford Motor Company em 1903. Detroit viveu longos períodos de prosperidade, mas, em 2013, a cidade declarou falência. Entretanto, recuperou-se rapidamente e voltou a crescer. O Detroit Institute of Arts, dono de uma coleção bilionária de obras de arte, desempenhou um papel fundamental nessa recuperação financeira. Durante a crise, cerca de metade das luzes da cidade estavam apagadas, o que gerava problemas de segurança. Foi realizada uma operação grandiosa para substituir todas as lâmpadas comuns por LEDs.

A crise do petróleo nos anos 1970, especialmente em 1979, durante a presidência de Jimmy Carter, teve um grande impacto na cidade. A gasolina tornou-se escassa, e o abastecimento era regulado pelo número das placas dos carros. A chegada dos automóveis japoneses e asiáticos, mais econômicos, afetou profundamente a indústria local, resultando em desemprego, prédios abandonados e redução populacional.

O Ford Piquette Avenue Plant, localizado no número

411, foi o primeiro prédio de Henry Ford. Lá, foram desenhados e fabricados os modelos das séries A, B, C e, finalmente, o Modelo T, o mais bem-sucedido. Hoje, o prédio é um museu que exibe a série completa, composta de carros colecionados por um revendedor da época, que os aluga para exposição. Esses veículos valem milhões de dólares. O Modelo T foi fabricado por 19 anos e, durante esse período, tornou-se o carro mais comum do mundo. Henry Ford tinha 41 anos quando iniciou esse projeto e, antes disso, trabalhou com Thomas Edison. Posteriormente, a Studebaker adquiriu as instalações na Piquette Avenue e, em 1911, declarou oficialmente que o combustível ideal seria a gasolina. Elon Musk, décadas depois, daria continuidade à história da inovação automotiva. Da mesma época, destacam-se nomes como Thomas Edison, Nikola Tesla, J.P. Morgan e Rockefeller.

Em Detroit, na Temple Street, 500, está localizado o maior templo maçônico do mundo. Construído em 1922, completou 100 anos em setembro de 2022. Durante o auge da maçonaria americana, quando o número de maçons chegou a 4 milhões (atualmente cerca de 800 mil), muitos templos gloriosos foram construídos. Contudo, com a diminuição de membros, a manutenção desses prédios foi afetada. Em 2010, o Templo Maçônico de Detroit enfrentou dificuldades financeiras, e a prefeitura o processou por atraso no pagamento de impostos no valor de 152 mil dólares. O cantor americano Jack White, cuja mãe trabalhou no prédio em tempos de dificuldade, pagou o valor para salvar o local.

O prédio tem 1.037 salas, incluindo teatros, salões de festa, *halls* e lojas maçônicas. O teatro principal tem capacidade para 4.800 pessoas e, atualmente, é alugado para *shows*, casamentos, eventos fotográficos e outras ocasiões. Eventos são anunciados em um luminoso na fachada e na página oficial do templo (themasonic.com), que também fornece informações para aqueles interessados em se juntar à fraternidade, com o lema "2B1ASK1".

Visitei o prédio em um domingo e, sem planejar, encontrei o presidente, Ir. John Kashinsky, que estava mostrando o local a outros maçons. Após me identificar como maçom brasileiro, ele pediu que eu retornasse no dia seguinte, quando seu gerente, Ir. Steve, poderia mostrar mais das instalações e compartilhar sua história. Ele me apresentou a loja maçônica onde Henry Ford foi iniciado, a Palestine Lodge No. 357. Em 1933, Ford doou 1 milhão de dólares para o prédio. Atualmente, várias lojas e comandarias templárias funcionam no local, e muitas delas estão retomando suas atividades. Maçons jovens estão sendo iniciados, repetindo a história aos poucos.

Com toda a distração digital moderna, os jovens se afastaram do seu interior. O vazio começou a se demonstrar, porque olhar fotos é muito superficial.

Quando o Supremo Conselho da Northern Masonic Jurisdiction conferiu o grau 33 a Henry Ford (1863-1947), aos 77 anos, ele já era maçom há 46 anos, tendo sido elevado na Palestine Lodge No. 357 de Detroit em 1894, aos 31 anos de idade.

O maior *hall* aberto em um prédio na época estava neste edifício, superado apenas após a construção do Pentágono. Imagine, por um instante, o poder econômico, intelectual e de execução na década de 1930, quando este e muitos outros prédios foram construídos pela maçonaria. Da mesma forma, cresceram o Rotary, os Lions, as igrejas e os clubes. O número de igrejas com prédios imponentes, das mais variadas vertentes, é impressionante. Após a Grande Depressão de 1929 e a Segunda Guerra Mundial, todas essas organizações atingiram seu auge. A informática foi, aos poucos, mudando a maneira de viver. A rapidez em tudo, a forma de viver, viajar, conviver, comer, e o individualismo levaram ao superficialismo, às manchetes.

A Riverfront do rio Detroit, de onde se avista o Canadá do outro lado, é simplesmente maravilhosa. O rio, despoluído após todos os abusos da indústria e da cidade, como em quase todo o planeta, hoje está limpo. No inverno, o rio congela, e algumas pessoas o atravessam a pé.

Detroit, do francês *Détroit*, ou seja, "estreito", é uma cidade em recuperação crescente. Pedi a um grupo de senhoras para dizer algo bom e positivo sobre Detroit, ao que elas responderam: as pessoas.

Essas são as minhas viagens, em uma missão para descobrir novas culturas e geografias e ir audaciosamente a lugares onde nunca estive antes.

Por quê? Porque tudo é uma questão de atitude.

NORTH KOREA E SOUTH KOREA

Democratic People's Republic of Korea (DPRK) – Pyongyang – Kim Jong Un
Set. 2015

O novo líder da Democratic People's Republic of Korea (DPRK), Kim Jong Un, considerado o líder supremo, chefe das armas, provedor de tudo, pai de todos, sol eterno e conselheiro de todos os negócios, está promovendo um aumento no turismo, com o objetivo de atingir 1 milhão de turistas anuais. Atualmente, o país recebe de 3 a 4 mil turistas ocidentais e 200 mil chineses.

A infraestrutura hoteleira está sendo preparada, e guias turísticos estão em treinamento. O turismo é uma fonte de receita, mas principalmente uma forma de mostrar ao mundo o que está dando certo nesta ilha comunista isolada. A limpeza nas ruas, no metrô, nas praças e em qualquer lugar público é impecável. Nas estações de metrô, não se vê um único papel no chão ou nos trilhos, e não há lixeiras. Os jornais semanais são expostos em cartazes protegidos por vidros para leitura. Toda informação é filtrada e sempre positiva. Painéis de mosaico com imagens de pessoas e famílias alegres no dia a dia da cidade e do campo são enormes e magníficos. Nas escadas rolantes e dentro dos vagões, não há propagandas, apenas paredes brancas. Música constante toca nas estações e nos trens. A ausência de propaganda elimina a necessidade de consumo. É o socialismo em ação.

Em Pyongyang, a maior cidade do país, o tráfego é intenso durante algumas horas do dia, com a maioria dos carros sendo de origem chinesa. Guardas de trânsito, vestidos de branco, dirigem o fluxo com bastões e apitos. Painéis coloridos em mosaico dos dois líderes falecidos, pai e filho, Kim Il Sung (1912-1994) e Kim Jong Il (1946-2011), estão por toda parte, lembrando os provedores de tudo. Essa é a religião deles. Oficialmente, não é permitida nenhuma religião, embora existam uma igreja ortodoxa russa, uma católica e uma adventista, frequentadas principalmente pelos mais idosos. Toda energia, pensamento e ação estão voltados para os líderes, o Estado e a construção de um país mais forte, com um exército poderoso, pois o povo é o deus.

O mausoléu onde os corpos conservados dos líderes supremos repousam é enorme e faraônico, maior que muitos aeroportos e, sem dúvida, o maior mausoléu do mundo moderno. Para chegar ao local onde os corpos embalsamados estão expostos, são necessários pelo menos 30 minutos de caminhada dentro do complexo. Os corredores exibem fotos dos principais eventos da vida dos líderes. Há um museu para cada um, com condecorações, medalhas, diplomas e presentes de nações amigas, além do trem, do carro oficial e do barco usados em suas viagens. Mapas detalham as viagens, com quilômetros percorridos e número de visitas, tanto de trem quanto de avião.

O vagão do trem usado por Kim Jong Il (1946-2011) e sua mesa de trabalho, com computador Apple, documentos, telefones e jornais do dia, estão preservados como foram encontrados após sua morte no trem em dezembro de 2011. O memorial aos mártires das batalhas contra os japoneses, com vista para Pyongyang, exibe bustos em bronze alinhados, mantendo viva a história e o espírito revolucionário.

O mausoléu, com os corpos conservados, impressiona pelo tamanho e pelos detalhes da vida de cada líder. Foi construído para durar séculos, assim como as bibliotecas presidenciais nos United States, o mausoléu de Mahatma Gandhi, as relíquias dos evangelistas ou religiosos cristãos espalhadas pelo mundo, as relíquias de Buda em Myanmar e Sri Lanka, o mausoléu de Ho Chi Minh em Ho Chi Minh City, no Vietnam, ou o túmulo de Lenin na Praça Vermelha, em Moscou. Esses monumentos perpetuam memórias, ideologias, conquistas, sistemas de governo, tiranias, democracias, reinados e legados pessoais.

Uma frase do novo líder, Kim Jong Un, resume sua visão: "Nosso partido constrói com triunfo e sucesso a mais poderosa nação socialista em nossa terra, da nossa maneira, assim como meus antecessores fizeram, acreditando em nossa gente".

Democratic People's Republic of Korea (DPRK) – Pyongyang – North Korea
Set. 2015

O desejo de felicidade e prosperidade, tanto para o ser humano como indivíduo quanto como nação, é tão antigo quanto ele mesmo. A felicidade está também relacionada ao sucesso e ao fracasso de uma nação como coletivo. O Buthan, por exemplo, mede a felicidade de sua população através do Produto Interno da Felicidade.

As experiências do comunismo, catalogadas por Karl Marx, ainda podem ser observadas em remanescentes como a Coreia do Norte. Sob a definição do Partido dos Trabalhadores, o país busca alcançar esse objetivo para seu povo. O nome oficial da nação é Democratic People's Korea Republic (DPKR).

Com uma população de 24 milhões de habitantes, sua capital, Pyongyang, é a mais populosa e moderna, com 4 milhões de pessoas. No aeroporto, as inspeções são minuciosas, e livros com determinados temas podem ser confiscados. Computadores são examinados para identificar a presença de filmes, garantindo que a sociedade não seja "contaminada" pelo Ocidente.

Uma rodovia de 6 km no centro de Pyongyang foi recentemente renovada. Com cem metros de largura, inclui pistas para trens, bicicletas e veículos. Ciclovias são comuns, já que a bicicleta é um meio de transporte amplamente utilizado.

As rodovias interprovinciais são largas, mas sem pintura de faixas e com pouco tráfego. O principal fluxo ocorre no centro da estrada, com pedestres e ciclistas ocupando as laterais. Essas enormes rodovias desertas têm um asfalto de qualidade mediana. As estradas de chão são ainda piores, mas, como são usadas por carroças puxadas por bois, tratores, bicicletas, pedestres, alguns carros e caminhões, atendem às necessidades locais.

Notícias providas pelo partido e palavras de motivação são anunciadas constantemente por alto-falantes. Em praças, monumentos e espaços públicos, um sistema de som transmite comandos, notícias e músicas. Publicações como *Korea Today* e *Pyongyang News* trazem notícias sempre positivas e relembram a história da libertação dos imperialistas japoneses e americanos.

O roteiro de 21 dias incluiu o norte e o sul do país, passando por Pyongyang, Nampo, Kaesong, Sinchon, Onchon, Panmunjom, Sariwan, Pyongsong, Wonsan, Hamhung, Chongjin, Samjiyon, Mount Paektu, Mount Kumgang, Mount Myohyang e Mount Kuwol.

Em Sinchon, está localizado o recém-renovado Museu das Atrocidades contra o Povo Coreano, que relembra os horrores da guerra de 1950. Torturas, estupros, esquartejamentos, pessoas queimadas vivas e enterradas vivas são retratados em formas artísticas para visitantes, especialmente para o povo local. Na saída do museu, há um palco ao ar livre chamado Revenge Pledging Place, onde os visitantes prometem vingança contra os inimigos. O ódio contra os United States, que atuou sob ordens das Nações Unidas durante a guerra, foi direcionado exclusivamente contra os norte-americanos.

Durante as longas viagens de ônibus, é comum ver pessoas se locomovendo basicamente de bicicleta. Dos 20% de solo cultivável do país, são produzidos arroz, milho, sorgo, ginseng, tabaco, feijão e soja. Cada família administra 2,5 hectares de terra, ficando com parte da produção. Tratores e microtratores são raros e geralmente antigos. Educação e medicina são compulsórias para todos.

Nos hotéis, o confinamento dos visitantes é obrigatório. É permitido sair para as ruas apenas acompanhado de guias, e fotografias só podem ser feitas com permissão. Apesar disso, as pessoas abordadas mostram-se receptivas e alegres. Mesmo com a barreira do idioma, um sorriso facilita a comunicação. Durante a visita a uma escola, as crianças estavam ensaiando canto e dança, mas descobriu-se que era um *show* preparado especialmente para os turistas. No pátio da escola, há estátuas de soldados armados e um tanque de guerra de concreto, usado como brinquedo pelas crianças.

A comunicação com o resto do mundo, como a conhecemos, é inexistente ou extremamente restrita para a população em geral. Se ocorresse uma tragédia em outra parte do mundo, um grande evento ou mesmo a descoberta de vida em outro planeta, a população local provavelmente não ficaria sabendo.

Certo ou errado? Essa foi a escolha feita pelos líderes do país, baseando-se nas ideias de Karl Marx, com adaptações locais. O mesmo ocorreu na Germany Oriental, na União Soviética, em Cuba, na Venezuela e em outros países que experimentaram o sistema socialista. Na Coreia do Norte, a governança segue o modelo de uma dinastia, como no passado, sendo atualmente representada pela Dinastia Kim, que sucedeu as dinastias Koryo e Yi.

A atitude é saber o que acontece no mundo em que vivemos e, neste caso, valorizar ainda mais a liberdade que temos de empreender, fazer acontecer, errar e ser feliz ou não. Tudo é uma questão de atitude.

Republic of Korea, Seoul
Maio 2017

A Coreia é uma península atualmente dividida em dois países: Coreia do Norte (Democratic People's Republic of Korea [DPRK]), com 25 milhões de habitantes, cuja capital é Pyongyang, e South Korea (Republic of Korea [ROK]), com 50 milhões de habitantes, cuja capital é Seoul. Recentemente, visitei a Coreia do Norte por 21 dias e experimentei, vi e senti o sistema comandado pela dinastia Kim. Agora estou conhecendo a South Korea, na primavera.

Ao longo de mais de dois mil anos de história, diversas cidades foram capitais. Hoje, Seoul, com 10 milhões de habitantes, é uma cidade moderna, repleta de edifícios tecnológicos e metrôs de alta tecnologia, misturados a templos budistas e palácios reais bem preservados, muitos restaurados após a ocupação japonesa, além dos mercados de rua. A independência do Japan foi alcançada em 1945, como resultado da Segunda Guerra Mundial. Os japoneses tinham ambições na região, mas foram barrados pela aliança, e as tentativas diplomáticas falharam, resultando em Hiroshima e Nagasaki.

Vale mencionar a densidade populacional: Seoul tem duas vezes mais habitantes por km² do que New York, ou seja, há muita gente vivendo em espaços pequenos, assim como em Tokyo, Hong Kong e New York.

No aeroporto, a policial colocou meu passaporte em um leitor, e a tela exibiu instruções faladas e escritas em português. Um exemplo de como a tecnologia facilita com idiomas customizados.

O Palácio Gyeongbokgung, o maior dos cinco palácios da dinastia Joseon em Seoul, construído em 1395, está praticamente no centro da cidade, com montanhas ao fundo que o tornam ainda mais majestoso. Nele, ocorre a cerimônia da troca da guarda duas vezes por dia, atraindo turistas curiosos.

Muitas pessoas usam trajes típicos durante as visitas aos palácios, nas ruas e nos mercados. A maioria são turistas que alugam os trajes, já que, vestidos assim, não é necessário pagar ingresso para entrar nos palácios. Uma maneira inteligente de preservar os costumes. Além disso, muitos casais coreanos também usam os trajes tradicionais. A gentileza das pessoas na rua, prontas para ajudar, é algo típico dos asiáticos.

O War Museum of Korea apresenta uma narrativa diferente daquela contada na Coreia do Norte. Lá, eles dizem que foram invadidos pelo Sul, enquanto aqui é mostrado que o Norte iniciou a invasão e quase ocupou todo o país. A recém-criada ONU autorizou a intervenção, e mais de 69 países ajudaram na recuperação do Sul, culminando em um armistício em 1953. Desde então, o Sul, que estava destruído, se recuperou em 50 anos. Na década de 1960, a South Korea era um dos países mais pobres do mundo. Com um plano de recuperação coordenado pela ONU, e com os United States como os maiores contribuintes financeiros, o país passou pelo chamado "milagre do rio Han", assim como a rápida recuperação da Germany foi chamada de "milagre do rio Reno".

Enquanto isso, a Coreia do Norte, com um regime fechado até hoje, investe em testes nucleares enquanto a infraestrutura do país permanece em colapso. Em 2015, visitei a Coreia do Norte por 21 dias com um visto especial. Importante mencionar que, em nome da ONU e dos United States, o General MacArthur foi considerado um herói dessa guerra.

A cidade de Suwon, a 30 km de Seoul, foi sede da Copa do Mundo de 2002. Sua principal atração é o Hwaseong Fortress, uma cidade medieval murada. O portão principal, Paldalmun, reflete a grandiosidade do que foi o forte. Quando o visitei, estava acontecendo um festival folclórico, como ocorre em várias partes da Coreia, para relembrar e celebrar a época dos reis.

No mundo todo, cidades, regiões e países estão promovendo seu passado, não apenas para atrair turistas, mas também para manter a história viva, não somente nos livros, mas na população do presente.

O Bukhansan National Park, localizado nos subúrbios de Seoul, é um dos parques mais visitados da Coreia para *hiking*.

A propósito: pombos e tico-ticos parecem ser os pássaros mais universais do planeta. Encontro-os em todos os países que visito.

Desde o Império Romano, os banhos públicos foram preservados na Europe e na Asia. Aqui na South Korea, a tradição é visitar uma sauna semanalmente. O ritual inclui saunas a vapor, secas, banhos de água fria e quente em várias temperaturas, banhos de sal, jatos de água e massagens, que fazem parte do cuidado com a saúde. Já experimentei banhos públicos na Turquia, na Germany, na Hungary, no Cazaquistão e, agora, na South Korea.

O povo que conheci foi receptivo, gentil e, mesmo sem falar inglês, tentou me ajudar de alguma forma. Gostei da experiência e de constatar isso. Venha conferir.

Tive o privilégio de conhecer as duas Coreias, e as pessoas são essencialmente as mesmas. A diferença está no comando e na política.

A expressão "senta lá na Coreia" vem da década de 1960, quando este era um dos países mais pobres do mundo. Dizer isso hoje é reconhecer o progresso da nação.

E por que tudo isso? Porque viajar é uma atitude. Conhecer diferentes culturas nos ajuda a entender o mundo e, principalmente, a refletir sobre as perguntas que atravessam os séculos: de onde viemos e para onde vamos? E porque é mais tarde do que você pensa.

MIDDLE EAST

Syria – Damascus – Aleppo – Latakia – Homs – Palmyra
30 maio/7 jun. 2022

Esta aventura envolveu um voo da Turkish Airlines via Istanbul para Beirut, no Lebanon. O hotel, localizado no bairro de Hamra, recebe energia apenas em determinados horários do dia. A escassez de eletricidade faz parte da rotina local, lembrando a situação da Venezuela.

Syria Arab Republic faz fronteira com Turquia, Iraque, mar Mediterrâneo, Jordânia, Israel e Lebanon. Historicamente, o território era formado por diversos reinados, como Damascus, Aleppo e Lebanon. Os sírios conquistaram e consolidaram o Reino Sírio. Resumindo a história, em 1946, a Syria e o Lebanon conquistaram sua independência. O país abriga uma grande diversidade de grupos étnicos e religiosos, incluindo muçulmanos, cristãos, druzes e alevitas. A capital é Damascus. Os árabes são predominantes, e o islamismo é a religião majoritária.

Em 2020, a população do país era de 17,5 milhões de pessoas, uma queda em relação aos 21,1 milhões registrados em 2010. A crise e a guerra civil iniciada em 2012 forçaram milhões ao refúgio. O conflito envolve, de um lado, o governo atual e, de outro, grupos de oposição, alguns apoiados pelo ISIS. Um fator controverso são as eleições presidenciais: candidatos da oposição participam de forma simbólica. Na última eleição, o presidente em exercício obteve 86% dos votos e já está no poder há 21 anos.

Damascus e Aleppo estão entre as cidades mais antigas do mundo continuamente habitadas. Registros históricos indicam que civilizações antigas já viviam na região quatro milênios antes de Cristo. Foi na Syria que surgiu a agricultura: aqui, o ser humano aprendeu a misturar água com farinha e a cultivar milhares de plantas a partir de uma única semente. Foi também aqui que o homem abandonou as cavernas, começou a construir casas e formar comunidades, observou os céus, entoou os primeiros hinos, usou suas mãos para desenhar e esculpir, descobriu a metalurgia e o trabalho com bronze e cobre. Escavações arqueológicas revelaram palácios, templos e murais que registram aspectos da cultura e do comércio. O primeiro alfabeto do mundo surgiu aqui. A manufatura da seda com ouro também teve origem na região e continua sendo uma atividade próspera.

Em Damascus, o apóstolo Paulo – hoje São Paulo – iniciou sua peregrinação para espalhar o cristianismo. No centro da Mesquita Almayyad, que já foi uma basílica, encontra-se a cabeça de São João Batista. Santo Ananias, bispo da época dos apóstolos e também originário de Damascus, tem uma igreja em sua homenagem na cidade.

Ao caminhar pelas ruas da cidade antiga e pelos mercados históricos, pisa-se sobre a própria história da humanidade. Não é exagero afirmar que todo ser humano moderno tem uma dívida com a cultura da Syria – seja no âmbito religioso, político ou artístico. Assim, pode-se dizer que cada cultura pertence a duas nações: a sua própria e à Syria.

A guerra civil iniciada em 2012, que ainda não chegou ao fim, devastou o turismo e a economia, agravada pelas sanções impostas ao país por nações aliadas. Eletricidade e petróleo são escassos e precisam ser importados via Lebanon. O fornecimento de eletricidade é racionado: lojas, restaurantes, hotéis e residências recebem energia em horários escalonados, forçando a adaptação com geradores próprios. Isso acarreta custos elevados e ruído constante, pois os motores funcionam a diesel ou gasolina. Como resultado, à noite, as ruas e cidades permanecem semiescuras, e apenas alguns estabelecimentos com geradores mantêm as luzes acesas.

O turismo está se recuperando, pois a emissão de vistos está disponível, e a guerra civil ocorre em áreas específicas. Assim, foi possível visitar e conhecer essa região, considerada o berço da humanidade.

As pessoas são alegres e sempre prontas para ajudar, identificando um turista estrangeiro a distância. Os jovens com quem conversei – e muitos que vieram espontaneamente interagir – falam inglês e demonstram curiosidade. Atualmente, a reputação da Syria, marcada por um regime ditatorial e pela guerra civil, é negativa, o que afasta turistas e investidores. Consequentemente, o futuro das novas gerações é severamente comprometido.

No dia 30 de maio de 2022, no primeiro dia em Damascus, tive a oportunidade de assistir a uma apresentação da Orquestra de Músicos Sírios na Opera de Damascus, com um repertório de músicas tradicionais. Foi um espetáculo cultural de altíssima qualidade. O teatro estava lotado, e nosso grupo de oito visitantes conseguiu se sentar na primeira fila.

Registro: 45% do território da Syria é semideserto.

Em Maaloula, cidade atacada pelo ISIS, 13 freiras do Mosteiro de Santa Tecla foram feitas prisioneiras e libertadas posteriormente em troca de detentos. O Hotel Safir, um estabelecimento cinco estrelas no topo da cidade, foi completamente destruído. Aqui também está uma das igrejas mais antigas, a Igreja de Santos Sérgio e Baco, datada de 325 d.C., que foi parcialmente destruída, mas já restaurada. Maaloula é um dos poucos lugares no mundo onde ainda se fala aramaico, idioma da época de Jesus. Em uma das igrejas, uma senhora recitou uma oração em aramaico, e, no Convento de Santa Tecla, um senhor contou a história de Santa Tecla e do surgimento do convento nesse idioma. Na Spain, há uma igreja dedicada a Santa Tecla, baseada em ossos retirados aqui da Syria.

A Syria é segura, bela e rica em história. Seu povo é resiliente e hospitaleiro, e sua culinária e música são únicas. No entanto, a guerra civil, que já dura 11 anos, e os alertas de segurança emitidos pela maioria das embaixadas consulares ao redor do mundo continuam impactando o turismo.

Em Homs, está localizada a Igreja da Virgem Maria do Santo Cinto, onde, segundo a tradição, foi descoberto o cinto usado por Maria, mãe de Jesus. O artefato foi encontrado na igreja em 1851 e redescoberto em 1953. A igreja data de 59 d.C. Atualmente, o cinto está escondido devido à instabilidade no país, mas será novamente exposto ao público a partir de outubro de 2022. Homs foi a cidade mais devastada pelo conflito iniciado em 2012.

O Museu dos Libertadores de Outubro, em Damascus, tem uma exposição externa com equipamentos de guerra capturados de Israel durante a guerra de 1973, além de uma coleção de pinturas feitas por artistas norte-coreanos. Um dos destaques é um grande *display* em um prédio circular com uma rotatória, que mistura artefatos reais e pinturas para retratar a ocupação de território inimigo naquele conflito. O mesmo estilo de narrativa histórica pode ser encontrado em um museu em Pyongyang, o que sugere que a inspiração veio de lá.

A caminho de Aleppo, cruzamos uma zona de bombardeio ativo a cerca de 3 quilômetros. O conflito está concentrado em uma área delimitada, até que a situação com o ISIS seja resolvida. Do alto da cidade antiga, onde fica a fortaleza, é possível ver os estragos causados por bombas e mísseis em vários edifícios. Alguns estão sendo restaurados, e apartamentos começam a ser reocupados mesmo sem infraestrutura básica de eletricidade e água.

A fábrica de sabão Jbeil, que há 800 anos produz o famoso sabão de azeite de oliva pelo qual Aleppo é conhecida, segue em funcionamento, passada de geração em geração. O Hamam (casa de banhos), datado do século XI, está sendo restaurado e impressiona pelo tamanho e pela decoração.

Fotos do presidente Bashar al-Assad são onipresentes: em prédios, dentro de lojas, em enormes murais nas praças e ao longo das rodovias. Imagens dele ao lado do presidente da Russia, Vladimir Putin, também são comuns. Escavações arqueológicas em andamento revelam vestígios de civilizações de 5.000 anos atrás.

Fotos do presidente Bashar al-Assad são uma constante, nos prédios, dentro de lojas, nas rodovias em murais enormes em praças. Fotos com o presidente da Russia, Putin, também são comuns. Escavações arqueológicas em andamento mostram civilizações de 5000 anos atrás.

É necessário registrar que, na cidade antiga, encontramos um soldado que, em 2012, foi capturado pelo ISIS junto a outros quatro militares. Eles foram torturados e fuzilados. O soldado que nos relatou sua história foi amarrado com as mãos para trás e colocado de bruços. Ele sobreviveu porque o tiro ricocheteou em seu crânio, e ele fingiu estar morto. Seus colegas não tiveram a mesma sorte.

No caminho para Hama (dos tempos aramaicos) e Latakia, encontra-se a vila de Ibleb, onde surgiram o primeiro parlamento, a primeira plantação de oliveiras, o primeiro dicionário e a primeira conferência de medicina. Também visitamos o Castelo de Marqab, uma fortificação que fazia parte da rede dos Templários, construída para proteger os peregrinos a caminho de Jerusalém. É o mais bem conservado de todos.

Em Latakia, às margens do mar Mediterrâneo, está o Castelo de Saladino, de onde partiu a campanha que libertou Jerusalém do domínio dos cruzados em 1187. Essa imponente fortaleza, atualmente em restauração, demonstra a estratégia geográfica de defesa da época. Construído pelos francos – um grupo germânico –, o castelo foi posteriormente ocupado por fenícios, Alexandre, o Grande, e os bizantinos. A cidade de Latakia, à noite, é semiescura. A iluminação provém apenas de geradores operados manualmente.

Em Tartus, visitamos a ilha de Arwad. Ali, ainda hoje, os barcos são construídos à moda antiga, artesanalmente, com madeira de eucalipto. Já em Al-Husn, exploramos o Krak des Chevaliers, um castelo templário edificado em 1031, parte da rede de fortificações dos Templários. Em 2014, a cidade e o forte foram sitiados e atacados por forças rebeldes durante um ano, tornando-se uma cidade fantasma. Atualmente, o castelo está sendo restaurado.

Palmyra, uma cidade antiga ainda existente nos dias de hoje, remonta ao ano 32 a.C. Seus monumentos históricos, de imenso valor arqueológico, foram destruídos pelo ISIS entre 2015 e 2017, mas a reconstrução já começou. Na Antiguidade, Palmyra abrigava cerca de 2.000 habitantes e era o centro de um império que incluía as regiões que hoje correspondem ao Egypt e ao Iran. Antes da guerra, a cidade moderna de Palmyra tinha 50 mil habitantes, mas foi sitiada e devastada pelo ISIS. Hoje, restam apenas vestígios de uma cidade-fantasma. Seu museu central foi totalmente destruído.

Em Bosra, a grande surpresa final: um teatro romano do século II, um dos maiores e mais bem preservados do mundo. Sua conservação é impressionante.

Antes da guerra civil, a Syria recebia cerca de 8 milhões de turistas por ano. Hoje, o turismo está recomeçando, mas de forma muito gradual.

Durante essa jornada pela Syria, após vários dias percorrendo diferentes cidades, alguns aspectos se destacam: a hospitalidade e a alegria das pessoas contrastam com as construções inacabadas de edifícios residenciais e comerciais. A guerra civil, ainda em curso, parece ter congelado os investimentos internos e externos. As sanções internacionais agravam essa situação. Os prédios inacabados e vazios são um reflexo do êxodo de refugiados, e apenas as gerações futuras poderão repovoar essas cidades.

Tire suas próprias conclusões. Se você leu este texto e viu as fotos e os vídeos, perceberá que a história se repete. Guerras e conflitos por territórios ou ideologias aconteciam na Antiguidade e continuam a ocorrer no presente. Assim é a vida: períodos de conflito e paz, vitórias e derrotas, decisões acertadas e equívocos que podem atrasar trajetórias inteiras. O importante é não desistir. Enquanto houver vida, sacuda o pó e recomece. Sempre para a frente, para cima e avante. É exatamente isso que o povo sírio, individualmente, está fazendo.

Este texto foi escrito enquanto eu estava na Syria, em junho de 2022. Essas são as minhas viagens em uma missão para descobrir novas culturas e geografias e ir audaciosamente a lugares onde nunca estive antes.

Por quê? Porque tudo é uma questão de atitude.

Bahrain – Manama
Nov. 2022

Bahrain, capital Manama. População: 1,5 milhão de habitantes, sendo 600 mil na capital. É um país insular no Golfo Pérsico, composto de 50 ilhas – uma principal e outras 33 artificiais, criadas por aterramento para expandir o território. No passado distante, essa terra não existia; tudo era mar.

Ao longo da história, Bahrain foi ocupado por gregos e portugueses, e mais recentemente pelo United Kingdom, até sua independência, em 1971. A descoberta de petróleo ocorreu em 1931, e o primeiro poço perfurado hoje se tornou um marco histórico. No entanto, o verdadeiro desenvolvimento começou em 1986, com a construção da ponte que liga a ilha à Saudi Arabia. Essa conexão, com 25 km de extensão, permitiu o transporte de grandes equipamentos, o que antes não era possível pelo mar.

A arquitetura moderna e arrojada se destaca em todo o Middle East, e Bahrain não é exceção. O país é uma monarquia hereditária, onde o poder é transmitido de pai para filho. Retratos do rei falecido, do atual monarca e de seu herdeiro estão espalhados por toda parte. O parlamento conta com participação popular por meio de representantes eleitos.

Durante a Primavera Árabe, em 2011, protestos exigiram um governo eleito, mas o movimento foi reprimido com o apoio da Saudi Arabia e dos United Arab Emirates. Como diz um ditado árabe: "Nosso pão é nosso pão" e "Nosso petróleo está em nosso bolso".

O Bahrain World Trade Center é um dos edifícios mais peculiares do mundo, sendo o único com turbinas eólicas integradas à sua estrutura.

Educação e assistência médica são oferecidas como serviços básicos à população. O clima é sempre quente.

Historicamente, Qatar e Bahrain eram um único território. Hoje, são rivais, devido à divisão das fronteiras marítimas e à disputa por recursos naturais, especialmente gás. Cheguei a Bahrain vindo de Abu Dhabi em um voo de 50 minutos. A taxa de entrada no país foi de 5 dinares bahrainitas. Do aeroporto, mesmo à noite, peguei um ônibus até o centro e, de lá, segui para meu hotel na cidade velha de Manama.

Em um *tour* de um dia, visitei a Al-Fateh Grand Mosque, onde a explicação sobre o islamismo foi entusiástica. Foram abordadas as cinco orações diárias, as revelações ao último profeta e o significado do Alcorão, tudo explicado com base na fé. O cristianismo tem presença menor no país, mas deixou sua marca no período colonial português. Atualmente, o Vatican incentiva sua expansão, e a visita do Papa Francisco ao Bahrain estava programada para os dias 3 a 6 de novembro de 2022.

As ruas estavam decoradas com gramados verdes, flores e *banners* do Vatican. Fotos do Papa ao lado do rei, His Majesty King Hamad bin Isa Al Khalifa, estavam expostas ao longo da avenida que leva ao vicariato local, onde fica a única catedral do país. Em sua visita, o Papa discursou contra a pena de morte, mencionando os muitos presos da revolução de 2010. "Os punidos merecem viver", declarou ele.

Isso significa que eu e o Papa Francisco estivemos em Bahrain nos mesmos dias.

Atualmente, Bahrain se sustenta por meio do turismo, do setor bancário, do petróleo, do gás e dos inúmeros *shopping centers*. Apesar de sua modernidade, carrega uma cultura milenar, sendo habitado desde 2500 a.C.

O país também abriga o Bahrain International Circuit, que recebe regularmente diversos eventos automobilísticos, incluindo a Fórmula 1.

Este texto foi escrito enquanto eu estava no Middle East, em Bahrain, na capital Manama, em novembro de 2022.

Essas são as minhas expedições em uma missão para descobrir novas culturas e geografias e ir audaciosamente a lugares onde nunca estive antes.

Por quê? Porque é mais tarde do que você pensa. Porque viajar faz bem para a saúde e para a cultura pessoal. O tempo urge. São seis horas da tarde, diz o homem olhando para o sol se pondo, e completa: quando se percebe já se passaram 60 anos.

Qatar – Doha
Mar. 2023

Estado do Qatar (Qatar State). Uma monarquia hereditária com 2,7 milhões de habitantes. Sua capital, Doha, abriga 900 mil pessoas. A riqueza do país vem da produção de petróleo, descoberto em 1940, e do gás natural.

Um país islâmico, mas que se abriu para imigrantes. Atualmente, cerca de 65% da população é muçulmana, enquanto hindus, cristãos e outras minorias compõem o restante. A etnia predominante é árabe, mas a população é composta de imigrantes de India, Pakistan, Bangladesh, Egypt, Sri Lanka e outras nações do sudoeste asiático. Um país internacional e culturalmente diversificado.

O turismo tem sido incentivado há muito tempo. Para brasileiros, não há necessidade de visto nem taxa de entrada, tornando-o um destino acessível e sem grandes exigências logísticas.

O que a Saudi Arabia está fazendo agora com sua visão de país para 2030 – abertura ao turismo, investimentos massivos em infraestrutura, treinamento de profissionais no setor turístico e muito mais – o Qatar já fez há décadas. Esse processo culminou na realização da Copa do Mundo de Futebol em 2022. Atualmente, a Saudi Arabia é candidata para sediar a Copa do Mundo de 2030.

Os diversos estádios construídos para a Copa são facilmente acessíveis pelo metrô. Para o Qatar, essas construções foram um investimento relativamente pequeno em comparação ao retorno em turismo e à projeção internacional do país.

O Qatar despertou há muito tempo; a Saudi Arabia acordou apenas há alguns meses.

Doha, uma cidade onde o transporte público – metrô e ônibus – funciona de maneira eficiente e a preços acessíveis. Uma cidade onde muito pode ser explorado a pé.

O antigo bazaar, Old Souq Waqif, é um labirinto que transporta os visitantes ao passado. Cores vibrantes, o som dos chamados para oração, turistas, comerciantes, restaurantes e feiras de negócios fazem do local um centro de energia e cultura.

Um dos destaques do Souq Waqif, o mercado público, é o mercado de pássaros. Há uma infinidade de pássaros de diferentes tamanhos e cores. Curiosamente, aqueles que ficam fora das gaiolas são treinados para não voar.

A propósito, após visitar diversos países islâmicos, cheguei a uma conclusão óbvia: o número total de cristãos no mundo, somando todas as suas vertentes, é maior que o de muçulmanos, mas, sem dúvida, o islamismo é a religião mais praticada.

As cinco orações diárias, sempre precedidas das abluções – lavar o rosto, os braços e os pés antes da prece – são vistas, ouvidas e sentidas a todo momento. Os alto-falantes das mesquitas ecoam os chamados para oração. Mesquitas estão por toda parte, quase em cada esquina. Quando um posto de combustível é construído, uma mesquita faz parte do projeto. A devoção, a prática e a disciplina religiosa são algo visível para qualquer visitante de países de maioria islâmica.

Que a vida, e o tempo que nos resta, seja vivida com estratégia e inteligência. *Tempus fugit.*

Por quê? Porque a vida não é sempre doce e leve, mas fica muito melhor com mais uma viagem. O tempo urge. Afinal de contas, tudo é uma questão de atitude.

CRUZEIROS

Asia – RC Spectrum of the Seas Singapore, Vietnam, Thailand
Jan. 2024

Na Asia, a Republic of Singapore (República de Singapore), independente da Malaysia desde 1965, iniciou uma espiral de crescimento que a transformou em um dos países mais caros do mundo, resultado de sua evolução econômica como porto estratégico e da valorização dos espaços. Vinte e cinco por cento de seu território foram conquistados do mar, com montanhas parcialmente niveladas para fornecer terra para essa expansão. Historicamente, foi um entreposto crucial do Império Britânico, especialmente devido ao comércio de pimenta, que na época valia seu peso em ouro.

Singapore é uma cidade impressionante, conhecida por sua arquitetura inovadora e projetos urbanísticos de vanguarda. A população é majoritariamente de origem chinesa (mais de 70%), enquanto os indianos representam cerca de 7%. A cidade abriga inúmeros templos hindus e budistas, e alguns bairros refletem arquitetônica e culturalmente as origens de seus habitantes.

O edifício ícone de Singapore é o Marina Bay Sands, composto de três torres com uma estrutura semelhante a uma nave no topo, e o Gardens by the Bay, com suas árvores gigantes de metal revestidas por plantas, que são uma atração deslumbrante tanto de dia quanto à noite. Foi nessa área que testemunhamos uma espetacular queima de fogos em três estágios durante a contagem regressiva para 2024, a mais bela e longa que já tive a oportunidade de ver. O retorno de metrô, superlotado como nos cenários típicos da India e do Mexico, proporcionou uma "massagem" involuntária.

O cruzeiro da Royal Caribbean no navio Spectrum of the Seas, com paradas na Thailand e no Vietnam, partiu do Marina Pier em Singapore. Visitamos Nha Trang e Ho Chi Minh City (Saigon) no Vietnam, e Laemchabang, Bangkok, e Pattaya, na Thailand. Em Bangkok, o templo

Wat Pho, famoso pelo Buda deitado revestido de ouro e suas inúmeras torres decoradas com mosaicos do século XIX, é um patrimônio preservado pela Unesco. A cidade abriga mais de 400 templos, e 95% da população segue o budismo. Em Pattaya, exploramos o mercado flutuante e as praias.

O Spectrum of the Seas, um dos 27 navios da frota da Royal Caribbean, é um dos mais digitalizados. Painéis em 4K nos teatros, restaurantes e paredes criam ambientes dinâmicos e futuristas. Robôs operam bares e ajudam na montagem de cenários nos teatros. O navio foi projetado e decorado para atuar na Asia, com destaque para as comidas asiáticas nos *buffets* dos restaurantes.

Foi um encontro familiar especial. Pelo terceiro ano consecutivo, nos reunimos em um cruzeiro: Lauren e John, Rejane e Marcos. Eles vieram de Langford, na British Columbia, e nós, de Montenegro, no Rio Grande do Sul. No final, o que somos? Somos memórias que deixamos nos outros, mesmo que por um tempo.

A rotina em um cruzeiro é como um hotel *all-inclusive* flutuante. Piscinas, bares, restaurantes, *shows*, cinema, sauna, academia e salão de beleza estão sempre à disposição, com vistas que mudam a cada novo porto ou com o constante movimento do mar. Até agora, já foram 19 cruzeiros em várias companhias e 152 países visitados.

A vida não é sempre perfeita, mas fica muito melhor com mais uma viagem pela Asia, por Singapore, pelo Vietnam e por Bangkok de avião e de navio.

Por quê? Porque tudo é uma questão de atitude.

Norway Oslo-Bergen – Havila Voyages – Round trip Bergen Kirkenes

Norway, ou Kingdom of Norway (Reino da Norway), é um país com uma população de 5,3 milhões de habitantes. Sua capital, Oslo, abriga 520 mil pessoas, enquanto Bergen, a segunda maior cidade, tem 260 mil habitantes. Conhecida como a terra dos *vikings*, Norway foi invadida e dominada diversas vezes ao longo da história. A ocupação mais recente ocorreu durante a Segunda Guerra Mundial, quando os nazistas dominaram o país por cinco anos, a partir de 1940. Um parque chamado Rose Castle, com cinco estruturas e bandeiras de metal, simboliza os cinco anos de ocupação nazista e os 75 anos da libertação do país.

Desde 2001, Noeway tem sido consistentemente classificada como o país mais desenvolvido do mundo em relatórios internacionais. Em 2009, a ONU reconheceu o país novamente como o melhor lugar para se viver. Além disso, em 2007, Norway foi eleita o país mais pacífico do mundo em uma pesquisa global. Em 2017, um estudo apoiado pela ONU classificou Norway como o país mais feliz do mundo, superando Denmark (Dinamarca), que liderava o *ranking* no ano anterior.

A riqueza da Norway é resultado da descoberta de grandes jazidas de petróleo no mar do Norte e no mar da Norway há cerca de 60 anos. Atualmente, o país é considerado um dos mais ricos do mundo, com a maior reserva de capital *per capita* entre todas as nações. Em agosto de 2009, o fundo soberano de riqueza da Noruega anunciou que detinha aproximadamente 1% de todas as ações negociadas nas bolsas de valores globais. O país é o sétimo maior exportador de petróleo do mundo, um feito impressionante para uma nação de pequeno porte em termos de tamanho e população. Apesar de sua prosperidade, Norway não adotou o euro, recusando o convite para integrar a zona do euro por duas vezes. A coroa norueguesa, sua moeda oficial, é uma das mais fortes atualmente.

Um dado interessante é que apenas 2,5% dos rendimentos do petróleo são destinados ao orçamento do governo. O restante é guardado e investido, acumulando um montante suficiente para cobrir as aposentadorias de três gerações. Esse modelo de gestão financeira serve como um exemplo valioso para países, empresas, famílias e indivíduos, destacando a importância de poupar e investir para os "dias chuvosos" (*rainy days*).

Na cidade de Oslo, tive a oportunidade de usar o transporte público extensivamente com minha filha Lauren. Ônibus, trens, metrôs e balsas (*ferries*) são extremamente pontuais, com serviços disponíveis a cada 10 minutos. A eficiência do sistema reflete o respeito pelo tempo das pessoas, um dos valores mais preciosos da sociedade norueguesa.

O prêmio Nobel foi criado por Alfred Nobel em 1901, por meio de seu testamento. Uma das seis categorias do prêmio, o Nobel da Paz, é entregue anualmente em Oslo, reforçando a conexão do país com valores humanitários e de cooperação global.

Norway é o meu 150º país. Tive uma pequena comemoração com uma Guinness Stout em Oslo. A viagem de Bergen a Kirkenes, feita de navio no verão, com o sol da meia-noite iluminando os fiordes, é considerada uma das mais cênicas do mundo. Vim conferir pessoalmente, partindo de Bergen em um roteiro de 12 dias pelos fiordes até o paralelo 71.

Bergen, cuja principal atividade comercial no passado foi a exportação de pescado, é o porto mais movimentado de Norway, tanto para mercadorias quanto para passageiros. Recentemente, o movimento cresceu ainda mais devido aos cruzeiros pelos fiordes. Muitos cruzeiros fazem paradas aqui, e diversas linhas regulares partem de Bergen em direção ao extremo norte, na fronteira com a Russia, na cidade de Kirkenes.

Falando ainda sobre Norway, a frota de veículos elétricos no país já ultrapassa 25%. Ônibus, caminhões e até máquinas pesadas são movidos a eletricidade. O navio da Havila, por exemplo, possui as maiores baterias do mundo, capazes de movimentar a embarcação por 4 a 6 horas, dependendo das condições do mar, enquanto outra bateria é carregada. Nas cidades, percebe-se a ausência do barulho típico de motores a combustão, já que ônibus, táxis e outros veículos são todos elétricos.

O roteiro dessa viagem, propagado como um dos mais cênicos e bonitos do mundo, passa por 34 portos. Os principais incluem: Bergen (com as famosas Bryggen Houses); Ålesund (com seus 418 degraus até o topo da colina da cidade); Trondheim (com a Catedral de Nidaros, cidade fundada em 997, e a história de Olaf II Haraldsson, 995–1030); Bodø (com o passeio de barco RIB no Salstraumen, mesmo sob chuva); Stamsund (com o banquete *viking*); Honningsvåg (North Cape, a cidade mais ao norte da Europe, a 71° de latitude); Kirkenes (com a pesca e degustação do caranguejo-rei); Hammerfest (a Bear Society); Tromsø (com o sol da meia-noite e a neve ao fundo, enquanto o barco atracava à meia-noite); Vesterålen (fiordes, agricultura, pesca, religião e montanhas cobertas de neve); Torghatten (a Torghatten Mytic Mountain com um buraco); Kristiansund (com a Atlantic Road, onde recentemente foi filmado um filme da série *James Bond*).

Em Trondheim, visitei a Catedral de Nidaros, onde está enterrado o Rei Olaf, ou Santo Olaf, canonizado em 1164 pelo Papa Alexandre II. Ele se tornou uma referência para a cristandade em Norway e recebeu o título de "eterno rei" do país. Durante a visita, tive a oportunidade de conversar com o diretor da catedral e do centro de peregrinação. Peregrinos de diversas partes do mundo vêm até aqui, considerada o "km 0", assim como Santiago de Compostela, na Spain. As peregrinações à Catedral de Nidaros são inspiradas pela devoção a Santo Olaf.

Os fiordes são entradas nas montanhas, como becos sem saída, formados pelas águas do degelo constante que se misturam com as águas do oceano. Um destaque especial foi o Trollfjord, no município de Hansel, por onde o barco navegou. A vista é deslumbrante, com cascatas brotando das rochas, uma verdadeira obra-prima da natureza.

Este roteiro, feito no novo navio da Havila Voyages, movido a gás e diesel, em câmera lenta, foi uma experiência de primeiro mundo. Tudo contribuiu para torná-la memorável: o país, a natureza, os passageiros (em sua maioria europeus), a gastronomia a bordo e, principalmente, a companhia da minha filha Lauren, que tornou tudo ainda mais valioso e especial.

Que a vida, e o tempo que nos resta, seja vivida com estratégia e inteligência. *Tempus fugit.*

Por quê? Porque a vida não é sempre doce e leve, mas fica muito melhor com mais uma viagem. O tempo urge. Afinal de contas, tudo é uma questão de atitude.

Amazônia – a pátria da água
Jan. 2021

O rio Amazonas é o maior rio do planeta em volume de água e também o mais extenso, com 6.992 km ou mais, dependendo das medições. Sua origem está nas chuvas e no degelo nos Andes. O segundo rio mais extenso é o Nilo, no Egypt. O Amazonas percorre o norte da South America e deságua no Oceano Atlântico, contando com mais de 1.000 afluentes. O maior deles é o rio Negro, com 2.200 km de extensão.

O roteiro do Barco Grand Amazon dura sete dias, sendo quatro no rio Negro e três no rio Solimões. Inclui caminhadas na floresta, passeios de barco, visitas a aldeias indígenas e pesca.

A região amazônica representa 60% do território brasileiro (5 milhões de km²) e 44% da Latin America, além de 20% da superfície do planeta. Aqui estão 44% da água doce do mundo. O delta do rio Amazonas tem uma largura de 200 km e despeja 200 mil litros de água por segundo no oceano.

Em Presidente Figueiredo, município localizado a 100 km de Manaus, estão algumas das cachoeiras mais impressionantes da região, como as de Iracema e Santuário. Com uma vazão enorme de águas no meio da floresta, são verdadeiras obras-primas da natureza.

Em Manaus, encontra-se a loja maçônica mais antiga do estado, a Grande Loja Esperança e Porvir, número 1, fundada em 1872. Localizada na primeira rua da cidade, no marco zero, é um marco histórico.

A época das cheias dura seis meses, elevando o nível das águas entre 10 e 15 metros e alterando a geografia local. Durante esse período, os peixes mudam seus hábitos, invadindo a floresta. As árvores que ficam submersas desenvolveram raízes respiratórias para sobreviver. Muitos animais que antes habitavam água salgada, quando a região era banhada pelo mar do lado do Pacífico, adaptaram-se à água doce após o surgimento dos Andes, devido ao movimento das placas tectônicas. Exemplos incluem o peixe-boi e o boto-rosa. Já o boto-cinzento chegou pelo Oceano Atlântico. A região é um labirinto natural de ilhas, com trechos do rio Negro contendo entre 400 e 700 ilhas, formando um ecossistema único.

O encontro das águas dos rios Negro e Solimões é um fenômeno único, causado pela diferença de temperatura, pH e velocidade das águas. Elas não se misturam por vários quilômetros, e os peixes de cada rio também não se misturam, pois, fora de seus hábitats, eles perdem energia. O rio Negro tem pH de 4, temperatura de 22 °C e velocidade de 1 km/h, enquanto o Solimões tem pH de 7, temperatura de 33 °C e velocidade de 7 km/h.

Já foram catalogados 3 milhões de insetos e 3 mil espécies de peixes, com mais 1.500 em estudo. A região é uma verdadeira Torre de Babel, com cerca de 18 idiomas indígenas ainda vivos e mais de 200 já registrados. Há ainda grupos indígenas isolados, avistados apenas em voos de helicóptero.

Infelizmente, os saques à Amazônia continuam. Madeiras são derrubadas e exportadas ilegalmente, e laboratórios já vieram disfarçados para piratear plantas medicinais e alucinógenas. Um dos maiores casos de biopirataria ocorreu quando sementes da seringueira foram levadas para a England e depois para Ceylon (atual Sri Lanka), Malaysia, India e Thailand, deixando Manaus e a Fordlândia no Pará em declínio. A castanha-do-pará, ou castanha-do-brasil, é originária daqui, assim como o cacau, que hoje é mais associado à Bahia. Atualmente, laboratórios estão autorizados pelo governo, mas, no passado recente, a região era uma terra de ninguém.

Manaus, conhecida como a "Paris dos Trópicos", floresceu durante o ciclo da borracha no final do século XIX. A riqueza gerada pela extração do "ouro branco" financiou a construção de marcos como o Teatro Amazonas (em estilo neoclássico), o Palácio da Justiça e o Mercado Público, projetado pelo engenheiro Gustav Eiffel. A cidade foi pioneira na introdução da eletricidade, do telefone e dos bondes, à frente de muitas outras da época. Os filhos dos barões da borracha iam estudar em Paris, e a arquitetura desses prédios transporta os visitantes para a Europe. Outro marco é o Palácio Rio Branco, construído pelo barão da borracha Karl Waldemar Scholz, um alemão que deixou sua marca na cidade.

Do hotel de floresta Ariau, famoso mundialmente e referência na década de 1980, hoje restam apenas suas ruínas. A sugestão de ampliação partiu de Jacques Cousteau, que esteve na região para pesquisas e inspirou um empresário a construir o hotel na floresta, a 80 km de Manaus, às margens do rio Ariau. No entanto, devido a erros administrativos, após quase 30 anos de operação, o hotel faliu.

A lenda das Amazonas, mulheres guerreiras a cavalo, era uma figura retórica usada pelo rei de Spain. Os prisioneiros eram incentivados a vir para a nova terra em barcos a vela, com a promessa de receber as Amazonas como recompensa. E eles vieram. O resto é história.

A Amazônia abriga mais de 1.800 espécies de aves já catalogadas. Entre elas, destacam-se: cigana (conhecida como "vaca voadora", por ser um ruminante), araras (que podem viver até 150 anos), *hoatzin*, papagaios (com mais de 30 variedades), tucanos (com mais de 40 variedades), japiim (que constrói ninhos em bolsas penduradas nos galhos e imita mais de cem sons de outros pássaros e animais), jaçanã, gaviões, gavião-real (a ave de rapina mais poderosa do mundo), beija-flores e muitas outras.

Sobre as frutas da região, destacam-se o cupuaçu (usado em sucos, doces, chocolates e até fermentados alcoólicos, da família do cacau), o ingá, o camu-camu (cuja vitamina C equivale a 20 limões), o açaí e o famoso guaraná, considerado afrodisíaco e uma "fonte da juventude". Maués, terra do guaraná, é um dos símbolos da região. A dieta amazônica, rica em frutas, peixes e verduras, combinada com exercícios, guaraná e dormir cedo, é uma receita de saúde e longevidade. A flor da vitória-régia, além de bela, é comestível, e seu nome homenageia a rainha Victoria do United Kingdom.

Os povos e as culturas da Amazônia são diversos, com representantes no Acre, Pará, Rondônia, Roraima e Amazonas. A raiz do povo amazonense está nos indígenas, que, em 1500, somavam 5 milhões, mas hoje (dados de 2010) são cerca de 500 mil. A maloca era a casa típica dos índios, e há 70 grupos indígenas isolados catalogados. O artesanato é uma fonte de renda alternativa para muitas comunidades. Existem cinco grupos linguísticos principais. O caboclo, termo que significa "aquele que saiu da mata", é a personificação da Amazônia. O barco é o principal meio de transporte, e a enchente, sempre presente, exige adaptação constante.

Em 1967, iniciou-se o segundo ciclo econômico do Amazonas com a criação da Zona Franca de Manaus, que oferecia isenção fiscal como incentivo. A Honda, por exemplo, tem ali sua maior fábrica fora do Japão. No entanto, muitas empresas encerraram suas atividades, e hoje se diz que "a Franca foi embora, e ficou somente a Zona". O futuro da região ainda precisa ser desenhado.

Vale registrar que, durante o auge do ciclo da borracha, uma tonelada de borracha equivalia a 20 kg de ouro.

Os guias dos passeios e palestrantes dos cruzeiros são multilíngues e têm conhecimento profundo da cultura e história local. A maioria do material exibido é em inglês, alemão e francês, pois, por muito tempo, os visitantes eram majoritariamente estrangeiros, e continuam a vir para explorar este lugar único e imenso no planeta.

A ponte suspensa sobre o rio Negro, a segunda maior das Américas, impressiona e liga Manaus a Cacau Pirera.

Sempre foi mais caro viajar para as regiões Norte e Nordeste do Brasil do que para o exterior. Com a pandemia da Covid-19, não houve alternativa: ou ficar em casa ou viajar pelo Brasil. Eu já desejava visitar a região há tempos. O Hotel Tropical, antigamente localizado na floresta em Ponta Negra e associado à Varig, hoje está na cidade, devido à urbanização do local. O Hotel da Floresta Ariau era meu desejo, mas faliu. Acabei optando por um cruzeiro da companhia espanhola Ibero Star, o Grand Amazon, que foi a melhor escolha, pois cada dia nos levava a um lugar diferente pelos rios.

A Manaus de hoje, ainda brilhando e refletindo os tempos áureos da borracha, com suas belezas e riquezas únicas das águas, das florestas e dos habitantes, é um lugar precioso para visitar, conhecer e apreciar. É um outro Brasil. Afinal, tudo é uma questão de atitude.

O livro mais importante, o mais lido e o mais editado, você aprende a ler aqui: o livro da natureza.

Grand European Tour Viking Cruise Budapest to Amsterdam
Out./Nov. 2019

Esta viagem pela Europe, de barco, com a Viking River Cruises, partindo de Budapest até Amsterdam, passando por quatro países (Hungary, Austria, Germany e Netherlands) e 11 cidades, navegando pelo famoso rio Danúbio, pelo Canal Main e pelo rio Reno, é uma aventura a dois: eu e minha esposa, com o objetivo de passear, explorar a história da velha Europe, comemorar a vida e meu aniversário e simplesmente estar aqui. São 68 canais de desníveis, eclusas, entre entre Budapest e Amsterdam. O rio Danúbio tem 2.872 km e passa por 10 países. O Canal Main tem 547 km, e o rio Reno, 1.233 km.

Budapest é dividida pelo rio Danúbio: Buda, a parte menor e mais alta da cidade, e Pest, a parte plana. A cidade tem uma população de 1,7 milhão de habitantes, enquanto o país conta com cerca de 10 milhões. A história da Hungary é marcada por reis, imperadores, comunismo e, atualmente, democracia. A descomunização está presente no Parque Memento, fora da cidade, onde estátuas de ferro e pedra, retiradas das ruas, estão expostas para lembrar a era de Lênin e sua "companhia limitada". O cristianismo também está presente, como na Basílica de Santo Estêvão, onde um painel anuncia que "você pode encontrar Jesus em setembro de 2020, no 43º Congresso Eucarístico". Uma oportunidade única!

Romanos e otomanos deixaram como legado a tradição dos banhos públicos. O Széchenyi é o maior e mais popular deles, com águas termais terapêuticas, saunas e piscinas de diversas temperaturas. O idioma húngaro (magyar) mantém-se resistente à influência do inglês, sendo predominante na TV, em filmes, jornais e placas de ruas. O inglês é falado apenas nas áreas turísticas. O *show* folclórico com orquestra no Palácio Danúbio é simplesmente maravilhoso. Estive aqui em 2014, de passagem, e agora pude conhecer um pouco mais com um *free walking tour*.

O Viking MAGNI, nome do navio, tem capacidade para 190 passageiros, nada comparável aos grandes cruzeiros que transportam mais de 4 mil pessoas. As margens dos rios estão sempre visíveis, e a bandeira do navio é trocada a cada fronteira. Os rios são limpos, e as margens, bem conservadas. A Viking é uma companhia alemã, e isso se reflete na precisão e na alta qualidade dos serviços. A bordo, a vida passa devagar. O nível da água no rio fez o barco reduzir a velocidade, já que, por lei, ele só pode navegar com um mínimo de um metro de água abaixo do casco.

Na Austria, Vienna, a cidade das valsas (*city of waltzes*), é o centro da música clássica na Europe. Mozart e Strauss compuseram muitas de suas obras aqui. Wolfgang Amadeus Mozart nasceu em Salzburgo e morreu aos 35 anos. No passado, Viena foi a capital do Sacro Império Romano-Germânico (*Sacrum Imperium Romanum*). Hoje, é a capital da Austria, com uma população de 1,9 milhão de habitantes, enquanto o país tem cerca de 9 milhões. A família Habsburg, que governou por 600 anos, mantinha estreitas relações com a Igreja Católica e comandou o Sacro Império Romano. Muitos dos prédios e monumentos da cidade foram construídos durante o Império Habsburg. Um dos imperadores, discordando dos monges que "só rezavam", decidiu que eles deveriam fazer algo mais. Ele vendeu e fechou monastérios, distribuindo o dinheiro arrecadado. A família Habsburg ainda existe, com mais de 500 membros vivos. O império cresceu graças a casamentos estratégicos com outras casas reais. A rainha Maria Teresa, por exemplo, teve 16 filhos. Ela dizia que o amor não era pelos filhos, mas pelo império, que continuava assegurado por meio dessas alianças, em vez de guerras.

Atualmente, a situação é diferente. Refugiados recebem mais apoio financeiro do que os nativos, o que também ocorre em outros países da União Europeia.

A Igreja Católica, mesmo com poucos frequentadores, ainda tem direito, por lei, a 10% da renda *per capita* e pode executar a cobrança retroativa por até três anos. Na prática, isso raramente acontece. Essa mesma lei ainda está em vigor na Germany. A

Igreja é uma das maiores proprietárias de imóveis na Austria. Em vez de vender, ela aluga suas propriedades, tornando-se um grande negócio. No entanto, o foco da Igreja deveria ser outro.

Em Melk, na Austria, a principal atração é o Mosteiro de Melk. Atualmente, ele abriga uma renomada escola primária e secundária com cerca de 900 alunos. O imponente edifício, situado no topo de uma colina, tem mais de 500 quartos e cerca de 1.300 salas de aula. Fundado em 1089, quando o imperador Leopoldo II entregou um castelo aos monges beneditinos, o mosteiro abriga bibliotecas com livros manuscritos raros e uma igreja em estilo barroco, cuja arquitetura e decoração parecem trazer o céu para a terra.

Em Passau, Germany, a grande atração é a Catedral de St. Stephan. De estilo barroco, foi construída em 1688, mas igrejas já existiam no local desde o ano 730. O órgão da catedral tem impressionantes 17.774 tubos. A Germany, com uma população de 80 milhões de habitantes, tem um território comparável ao do estado do Rio Grande do Sul. Sua capital é Berlin, e a Baviera, cuja capital é Munich, é o estado mais rico do país, impulsionado por indústrias como BMW, Audi, MAN, Adidas e Siemens.

Passau, conhecida como "a cidade dos três rios", é o ponto de encontro dos rios Danúbio, Inn e Ilz, cada qual com uma coloração distinta devido aos minerais que carregam. Esse fenômeno se assemelha ao encontro do rio Negro com o rio Solimões, em Manaus. Fundada há cerca de 2.000 anos, Passau é uma das cidades mais antigas da Baviera e um importante centro religioso para o Vatican. As enchentes são frequentes na região, e as marcações históricas nas paredes registram inundações desde 1501, sendo a mais severa a de 2013.

Regensburg, também na Baviera, foi fundada pelo imperador romano Marco Aurélio. Ainda hoje, é possível ver vestígios da época romana, como parte da Porta Praetoria. A construção mais emblemática é a Catedral de São Pedro, uma igreja gótica inspirada na Notre-Dame de Paris, cuja edificação foi concluída em 1320, mas que já existia, em diferentes formas, desde o ano 700.

Com ruelas e prédios históricos muito bem conservados, Regensburg combina seu passado medieval com a modernidade das construções contemporâneas. O rio Danúbio e a ponte de arcos do século XII conferem um charme especial à cidade, que é considerada uma das cidades medievais mais bem preservadas e a mais antiga ao longo do curso do Danúbio.

Nuremberg, quase totalmente destruída durante a Segunda Guerra Mundial, foi reconstruída utilizando muitas das mesmas pedras originais. Obras de arte e vitrais das igrejas foram protegidos nos porões das casas, que anteriormente serviam para armazenar cerveja.

Os nazistas escolheram a cidade para suas grandes manifestações de propaganda, aproveitando sua importância histórica e imperial. Os eventos ocorriam no campo de pouso do Zeppelin, e foi em Nuremberg que começaram os boicotes aos negócios dos judeus. Após a guerra, para evitar que o local se tornasse um ponto de peregrinação para futuros simpatizantes nazistas, a cidade, já em ruínas, foi escolhida como sede dos julgamentos dos criminosos de guerra, os famosos Nuremberg Trials (Julgamentos de Nuremberg), realizados na Sala 600 do Palácio da Justiça, uma das poucas áreas que não foram destruídas.

Atualmente, o tema da Segunda Guerra Mundial e do Partido Nazista é abordado e ensinado nas escolas alemãs. Por muito tempo, falar sobre esse período foi um tabu, mas hoje a educação histórica é uma prioridade.

Um silogismo: o Império Romano, cuja queda ocorreu em 476 d.C., foi sucedido pelo Sacro Império Romano-Germânico, que se considerava seu herdeiro e perdurou até 1806. Nos anos 1930, o Partido Nazista tentou estabelecer um novo império, culminando na Segunda Guerra Mundial.

Fundada em 902, Bamberg preserva sua arquitetura medieval, pois, por ser uma cidade pequena, não foi bombardeada. A tradicional cerveja Rauch Beer (*Smoke Beer*) faz parte da cultura local. Aliás, desde a Idade Média, a cerveja era mais do que uma bebida: servia como alimento e fonte de hidratação, já que água limpa e alimentos eram escassos.

A catedral, datada do século XI, serviu ao imperador Heinrich II. É imponente e muito bem conservada. Bamberg foi capital do Sacro Império Romano-Germânico e abriga a tumba do Papa Clemente II.

Em Würzburg, a principal atração é a Residência do Bispo, que também atuava como governador da região da Francônia. Construída em 1744, a residência sofreu grandes danos durante a Segunda Guerra Mundial. No entanto, o *hall* de entrada, com sua grandiosa escadaria, e mais duas salas foram preservados, pois tinham teto de pedra. Lá estão os afrescos de

Tiepolo, incluindo o maior afresco de teto do mundo, representando os quatro continentes conhecidos na época.

Considerado um dos mais belos palácios barrocos da Germany, o local também abriga o Forte Marienberg e a ponte de pedra com estátuas de figuras religiosas medievais, pontos de interesse para apreciadores de vinho. Würzburg e sua região, 500 anos mais antiga que Munich, capital da Baviera, lutam por sua independência para formar o Estado da Francônia.

Em Baden-Württemberg, cuja capital é Stuttgart (sede da Mercedes-Benz), Wertheim é conhecida por sua tradição na arte do vidro. Mestres sopradores manipulam areia líquida para criar verdadeiras obras de arte.

A cidade, datada do século XII, teve seu castelo destruído durante a Guerra dos Trinta Anos, entre protestantes e católicos. No entanto, escapou dos bombardeios da Segunda Guerra porque dois rebeldes antinazistas içaram uma bandeira branca no topo da torre do castelo. Além do vidro, Wertheim é famosa pelos vinhos da Francônia.

Em passagem por Koblenz, visitamos o Castelo de Marksburg (na vizinha Braubach), o único castelo da região nunca invadido ou capturado. No Deutsches Eck, a grandiosa confluência dos rios Mosel e Rhine se destaca pela imponência e beleza.

Na Idade Média, foram construídos cerca de 25.000 castelos na Germany. Eram fortificações da burguesia, dos reis e de seus aliados. Hoje, muitos foram restaurados e impulsionam o turismo, a economia e a preservação histórica. A maioria localiza-se às margens dos rios ou no alto de montanhas, estrategicamente posicionados para cobrar pedágios fluviais.

Köhl (Cologne, Colônia ou Catedral de Colônia), cuja construção começou por volta de 1248 e levou sete séculos para ser concluída, teve sua origem em uma pequena relíquia: ossos dos Três Reis Magos, roubados da Itália em 1164. A fama da relíquia atraiu milhares de peregrinos, levando à necessidade de um templo maior, resultando na imponente catedral. Atualmente, os restos mortais estão guardados em um sarcófago de ouro atrás do altar.

Os Países Baixos (The Netherlands) tem 16,8 milhões de habitantes. Em Kinderdijk, encontra-se a maior concentração de moinhos de vento, estruturas utilizadas para drenagem de água e geração de energia. Originários de Egypt, Persia e Greece, os moinhos foram essenciais para manter Netherlands habitável, já que grande parte do país está abaixo do nível do mar. Após a catastrófica enchente de 1953, sistemas modernos, como o Plano Delta, assumiram essa função.

Além dos moinhos movidos a vento, versões a vapor, diesel e elétricas foram incorporadas. Hoje, muitos dos 700 moinhos remanescentes são símbolos históricos e decoram os campos. As regiões mais populosas do país são North Netherlands e South Netherlands. Embora seja conhecido como "Holland" (Holtz Land – "terra das madeiras"), o nome correto do país é The Netherlands.

A capital de Netherlands nasceu como uma fortaleza para conter as águas do rio Amstel, daí seu nome: "Amstel-dam". Cidade vibrante, repleta de canais e ruelas estreitas, Amsterdam abriga prédios inclinados para a frente – uma solução arquitetônica para facilitar a movimentação de mercadorias nos antigos armazéns.

O famoso Red Light District, ativo há mais de 400 anos, está menos movimentado, com muitos estabelecimentos vazios e placas de "aluga-se". A cidade também é lar de diversos museus, incluindo o de Van Gogh, Anne Frank, Rembrandt, Cannabis e do Casamento Gay.

Conhecida como o "país das tulipas", Netherlands viveu uma crise econômica causada pela supervalorização dessas flores únicas.

Por último, em Hague está a Corte Internacional de Justiça, uma das instituições mais importantes do mundo para a resolução de conflitos entre nações. O Palácio da Paz, sede da corte, foi doado por Andrew Carnegie.

O parque Madurodam, uma Netherlands em miniatura, homenageia o herói de guerra George Maduro, que morreu aos 28 anos em um campo de concentração nazista após salvar inúmeras vidas.

Em Delft, são produzidas as famosas porcelanas azuis, enquanto Rotterdam, maior porto da Europe, se destaca por sua arquitetura inovadora, rivalizando em modernidade com Dubai.

É simples assim, é mais tarde do que você pensa. Por isso, faça você também suas próprias viagens, aventuras, saia da sua cômoda e sinta o prazer físico, intelectual e emocional de contatar outras culturas, outros passageiros desta viagem que todos estamos fazendo. "Ninguém se dá conta como é extraordinário viajar até que chega em casa e descansa sua cabeça no seu velho e familiar travesseiro." – Lin Yutang. E eu acrescento: e até que pode dirigir seu próprio carro novamente. A atitude é viajar.

Norwegian Sun Cruise – Valparaiso – Buenos Aires
Jan. 2017

Uma viagem cujo ponto alto é cruzar o Cape Horn, ou seja, o cabo no extremo sul da South America, muito utilizado antes da inauguração do Canal do Panamá, em 1914, quando essas viagens eram necessárias para chegar ao Pacífico, especialmente durante a corrida do ouro.

A viagem de 15 dias conta com paradas nos portos de Valparaíso, Puerto Montt, Puerto Chacabuco e Punta Arenas, no Chile; Ushuaia e Puerto Madryn, na Argentina; Stanley, nas Ilhas Falkland, pertencentes à England; Montevideo, no Uruguay; e termina em Buenos Aires, na Argentina, totalizando 4.006 milhas náuticas.

A Patagonia recebeu esse nome porque os espanhóis avistaram os povos indígenas locais, que possuíam pés grandes, e os chamaram de "patagones". Tierra del Fuego foi nomeada assim porque, ao chegarem, os exploradores viram fumaça e fogo nas ilhas, usados pelos indígenas para se aquecerem, já que não usavam roupas. Eles cobriam seus corpos com tintas e lama de forma artística.

Um navio é um hotel flutuante onde você acorda a cada dia em um lugar diferente, em novas águas. O *glamour* do Titanic, retratado no filme, está presente aqui – e, muitas vezes, com preços mais acessíveis do que uma diária de hotel em terra.

O Norwegian Sun, um navio de 900 pés, com capacidade para 2.000 passageiros e 900 tripulantes, é considerado de porte médio, já que os maiores acomodam entre 4 e 5 mil passageiros. Ele é ideal para navegar pelos estreitos entre os fiordes chilenos. Nos dias de viagem, funciona como uma pequena cidade flutuante, onde os passageiros interagem nos diversos ambientes a bordo.

Sobre os portos:

- Valparaíso: um porto grande e movimentado. A cidade vive das glórias do passado, cujo ciclo se encerrou em 1914 com a abertura do Canal do Panamá.
- Puerto Montt: cidade pequena, enquanto Puerto Varas, a 30 km de distância, está mais bem preparada para receber turistas. É a porta de entrada para a região dos lagos. O vulcão Osorno é frequentemente comparado ao Monte Fuji.
- Puerto Chacabuco: um pequeno porto com uma população de apenas 1.200 habitantes. Para conhecer melhor a região, a cidade de Aysén, a 15 km de distância, é a melhor opção de visita. Em 1991, o vulcão Monte Hudson causou incêndios devastadores nas florestas. A região abriga espécies ameaçadas, como o cisne-negro e o condor. É também a área menos populosa do Chile.
- Punta Arenas: próxima ao Estreito de Magalhães, é a capital da região mais ao sul do Chile. Até 1914, o estreito era a principal passagem entre o Atlântico e o Pacífico. Hoje, é um porto movimentado e uma cidade bem-organizada e preparada para o turismo. No dia da minha visita, três cruzeiros estavam atracados simultaneamente, e a cidade foi invadida por turistas.
- Ushuaia, Argentina: situada entre a Cordilheira dos Andes e o Canal de Beagle, Ushuaia tem 80.000 habitantes e é a cidade mais ao sul do mundo. Localizada em uma ilha compartilhada com o Chile, faz parte da Patagonia. Foi colonizada por missões religiosas e, a partir de 1896, tornou-se uma colônia penal, até ser desativada pelo presidente Perón, em 1947. O antigo presídio abriga hoje um museu de relevância histórica e turística. Ushuaia está a 1.000 km da Península Antártica e registra, em média, 17.000 pequenos terremotos por ano. A Rota Panamericana começa aqui e termina no Alasca, totalizando 17.848 km. De Ushuaia partem embarcações de expedição para a Antártica, como o National Geographic Explorer, que transporta no máximo 200 passageiros.
- Cape Horn (Cabo Horn): descoberto em 1616 pelo explorador holandês Willem Schouten, foi nomeado em homenagem à vila de Hoorn, na Holanda, e traduzido para o espanhol como "Cabo de Hornos". Está localizado a 650 km da Península Antártica. Com a abertura do Canal do Panamá em 1914, a rota marítima entre a

Europe e a California, que antes era de 20.900 km, foi reduzida em 9.000 km, totalizando 8.300 km.

Falkland Islands, capital Stanley. Território autônomo do United Kingdom, que conta com a proteção militar da nação-mãe. Um dos passeios mais impressionantes é a visita a Volunteer Point, lar da maior população de pinguins reis, gentoo, rockhopper e macaroni. A colônia de pinguins-reis tem mais de 1.000 pinguins, que formam círculos protegendo seus filhotes ou chocando ovos. São elegantes, belíssimos e impecavelmente limpos, com plumagem branca, preta e amarela. Muitos caminham em pares ou grupos, proporcionando um espetáculo fascinante e fotos incríveis. É simplesmente maravilhoso! São animais dóceis e, por andarem eretos como os humanos, despertam ainda mais fascínio.

As Falkland Islands têm cerca de 3.000 habitantes espalhados por todo o arquipélago. A base militar britânica fica ao lado do aeroporto. Em 1982, ocorreu a **Guerra das Malvinas**, quando a Argentina tentou ocupar o território à força. Mais de 600 soldados argentinos perderam a vida, além de muitos membros da Royal Air Force britânica. A cidade de Stanley tem um charme especial, com pequenas casas de tetos coloridos e jardins floridos, parecendo um cenário de conto de fadas.

Madryn é uma cidade litorânea e portuária com 95.000 habitantes, famosa por suas belas praias. Além do turismo, a economia local se baseia na produção de alumínio. A cidade enfrenta escassez de água, já que chove pouco na região e não há fontes locais. Por isso, a água é transportada de cidades vizinhas, a mais de 60 km de distância. Um aqueduto subterrâneo está em construção para resolver esse problema.

No verão, com temperaturas que podem chegar a 35 °C, muitos navios de cruzeiro atracam em Puerto Madryn, movimentando a cidade. A colonização foi feita por galeses, vindos de Wales (País de Gales), no United Kingdom, e ainda há construções em estilo inglês preservadas como patrimônio histórico.

Fundada em 1720, Montivideo, no Uruguay, recebeu inicialmente o nome de San Felipe de Santiago. O líder Artigas foi o responsável por libertar o país da Spain.

Montevideo está localizada às margens do Rio da Prata. O Uruguay tem aproximadamente 3,5 milhões de habitantes, sendo 1,5 milhão na capital. A principal indústria do país é a produção de carne; dizem que há cinco vacas para cada habitante. O turismo vem logo em seguida como uma das atividades econômicas mais importantes.

A cidade tem um ar europeu, refletido na arquitetura preservada e na cultura do povo. É repleta de parques e áreas verdes, tornando-a um local agradável e arborizado.

A capital argentina Buenos Aires tem aproximadamente 9 milhões de habitantes. Como toda grande metrópole, tem trânsito intenso, mas mantém um forte ar europeu, principalmente por sua arquitetura e pela influência espanhola.

Localizada às margens do rio da Prata, Buenos Aires abriga um dos maiores portos da South America, movimentado especialmente no verão, quando inúmeros cruzeiros chegam à cidade. A famosa Calle Florida é um verdadeiro *shopping* a céu aberto, repleto de lojas e turistas.

Por diversas vezes, fomos alertados para tomar cuidado com nossos pertences e ficar sempre atentos devido à presença de batedores de carteira. Qualquer semelhança com as grandes cidades brasileiras é mera coincidência!

Viajar rejuvenesce as ideias e o conceito sobre a vida, sobre o mundo, sobre as culturas e sobre si mesmo e, sobretudo, nos impulsiona a novas aventuras por este planeta. É um círculo vicioso.

A viagem do TITANIC:
O Caminho dos Vikings
Set. 2018/NCL Jade

Norwegian Cruise – de Southampton a Miami via Reykjavik. Itinerário: London, Lerwick (Shetland Islands), Reykjavik, Newfoundland & Halifax (Canada), Portland (Maine), New York, Miami (USA).

Um cruzeiro transatlântico para comemorar meu aniversário junto à minha companheira, a bordo do NCL Norwegian Cruise Lines, partindo de London.

O United Kingdom (UK) é formado por quatro países: England (London), Wales (Cardiff), Northern Ireland (Belfast) e Scotland (Edinburgh), governados pelo parlamento e pela monarquia britânica.

London, a cidade mais famosa do UK, abriga o Palácio de Buckingham, o Big Ben, o Parlamento e a estátua de Churchill. Já estive aqui várias vezes, sendo a primeira por 30 dias estudando inglês. O *underground* (Tube) é a forma mais rápida e eficiente de locomoção. Vale mencionar a icônica loja de departamentos Selfridges, com mais de 100 anos de história e tema de uma série na Netflix. Fundada como um marco do pioneirismo, hoje pertence a um empresário canadense. Outro ponto de interesse é a UGLE (United Grand Lodge of England), com seu edifício histórico na Queen Street.

Chegando a Southampton, porto de embarque a duas horas de trem de London (Victoria Station), fomos surpreendidos por um problema com o visto canadense da minha companheira. Ela não poderia embarcar com o eTA (*electronic visa*), pois a entrada no país seria feita pelo mar, exigindo um visto de turista.

Após 32 horas e meia de muito estresse, conseguimos o visto, excepcionalmente emitido na Canada House, na Trafalgar Square. De lá, literalmente corremos para o Gatwick Airport, sem passagens compradas, em busca de um voo para Reykjavik. Conseguimos um bilhete de última hora com a companhia WOW Air, pelo mesmo preço do site – inicialmente, nos disseram que custaria cinco vezes mais!

Chegamos a Reykjavik à meia-noite, sem reserva de hotel. Fomos até o HI Hostel Downtown, onde encontramos um quarto disponível.

Na manhã seguinte, caminhamos até o porto e avistamos o Norwegian Jade entrando na baía de Reykjavik. Deixamos as malas e embarcamos na excursão Golden Circle. No dia seguinte, visitamos o centro da cidade, onde está localizada a icônica igreja Hallgrímskirkja.

O National and Saga Museum conta a fascinante história dos *vikings* e sua jornada nesta enorme ilha. Em frente à igreja, há uma imponente estrutura de concreto e a estátua de Leifur Eriksson, o *viking* que, por volta do ano 1000, navegou até o que hoje é North America (Newfoundland, Canada). Isso significa que Cristóvão Colombo chegou ao "Novo Mundo" mais de 400 anos depois, assim como Pedro Álvares Cabral no Brasil.

A história precisa ser reescrita, pois o termo "descobrimento" está equivocado – os nativos e aborígenes já habitavam essas terras. No entanto, os navegadores europeus, ao chegarem à America, pensaram ter encontrado as Indias e, por isso, passaram a chamar os nativos de "índios". Leifur Eriksson foi, de fato, o primeiro europeu da história moderna a chegar ao outro lado do Atlântico.

Após o caos inicial – uma experiência estressante, educativa e um teste de habilidade para corrigir a situação a tempo de salvar o investimento – finalmente embarcamos, A primeira providência? Recuperar o atraso com uma Guinness, a lendária cerveja com nitrogênio, direto dos portões de St. James, Dublin.

Reykjavik, capital e maior cidade da Iceland (Islândia), é o país localizado mais ao norte do planeta e um destino turístico cada vez mais popular. A população do país é de 310.000 habitantes, sendo 230.000 na região metropolitana de Reykjavik.

Em 2017, a Iceland recebeu 2,7 milhões de turistas, o que ajudou a salvar a economia do país após o colapso financeiro de 2008, resultado de um esquema que levou à falência diversas instituições financeiras. Muitos islandeses perderam seus investimentos, sendo o colapso do Lehman Brothers (USA) um dos principais catalisadores da crise global.

A Iceland é uma terra de intensa atividade geológica. Em média, ocorrem 80 terremotos a cada 24 horas. No dia em que estivemos lá, foram registrados 200 tremores nas últimas 24 horas.

Em um pequeno *shopping center*, há uma área onde é possível ver, cobertas por vidro, as placas tectônicas em movimento – um lembrete visível da instabilidade geológica do país. Isso também explica o grande número de vulcões ativos. O último grande terremoto, de 6,5 na escala Richter, ocorreu em maio de 2008, apenas quatro meses antes do "terremoto" financeiro de agosto do mesmo ano.

A Iceland tornou-se independente da Denmark (Dinamarca) em 17 de junho de 1944. Desde então, teve seis presidentes, alguns reeleitos. O país adota um sistema parlamentarista, cujo parlamento data de 874, sendo um dos mais antigos do mundo. O primeiro-ministro é o chefe do Executivo. A Iceland foi pioneira ao eleger a primeira mulher presidente da história.

A educação é gratuita dos 6 aos 20 anos, e os alunos aprendem três idiomas na escola: icelandish (islandês), um idioma escandinavo à escolha e inglês. O país conta com quatro universidades.

Reykjavik, a capital, tem uma arquitetura moderna, com muitos prédios construídos nos últimos cinco anos. O turismo é uma das principais indústrias do país. A paisagem é marcada por vulcões, gêiseres, terras áridas cobertas de pedras e rochas, além de criação de ovelhas, gado e cavalos islandeses. O clima é rigoroso: -10 °C no inverno e até 20 °C no verão.

Em 1986, Reykjavik sediou um evento histórico: a reunião entre o presidente Ronald Reagan (USA) e o líder soviético Mikhail Gorbachev (USSR), que, três anos depois, em 1989, culminaria na queda do muro de Berlin e no fim da Guerra Fria.

A travessia pela North Atlantic Current (NAC), de Reykjavik até Newfoundland, Canada, leva 2 dias inteiros. Essa corrente marítima influencia o clima da Europe e da North America, transportando águas quentes e influenciando mudanças climáticas.

New Foundland, Canada. Em St. John's, capital de Newfoundland e Labrador, a pesca do bacalhau foi o que trouxe os europeus para a região. Durante séculos, pescadores portugueses, espanhóis, franceses e irlandeses secavam e salgavam o peixe para exportação. A arquitetura e a cultura da cidade refletem essa diversidade, com casas coloridas e influências europeias.

A região é conhecida por suas baleias, que parecem observar os visitantes, e pelos *icebergs*, que migram pelas correntes marítimas. Aqui também vive o *moose*, um cervo gigante com chifres impressionantes.

St. John's marca o quilômetro zero da Trans-Canada Highway, uma rodovia de 4.570 km, que termina em Victoria, British Columbia. A uma hora a pé do porto está Signal Hill, onde o engenheiro Guglielmo Marconi recebeu o primeiro sinal sem fio da Europe, o precursor do *wireless*.

A cidade abriga também a Basílica Católica, a Catedral Anglicana e diversos museus. O Tim Horton's, famoso café canadense, foi onde conhecemos David, um morador que nos contou sobre a cidade moderna e sua diversidade religiosa: a maioria das pessoas são católicas romanas, uma minoria são deanglicanas e ele pertence a uma pequena comunidade judaica. Ele nos ofereceu um passeio para mostrar as mansões, a Memorial University e o hospital, e comentou: "Se não posso ser gentil com quem vem nos visitar, o que é a vida então?". Não pude concordar mais.

Em 12 de abril de 1912, o RMS Titanic, maior e mais rápido navio da época, naufragou a 700 milhas da costa após colidir com um *iceberg*. A primeira mensagem de socorro foi recebida em St. John's, Newfoundland, e em seguida em Halifax, Nova Scotia, que enviou quatro barcos de resgate.

Os cemitérios dos resgatados, em sua maioria, estão em Halifax, capital da província de Nova Scotia, Canada. O anúncio da viagem do Titanic era "Southampton to New York". Ele nunca chegou. Repeti esta viagem agora, com paradas em Iceland, Canada e USA.

Halifax é um importante centro comercial e conhecida por sua história marítima. O forte em forma de estrela, o museu com restos de barcos que bateram na costa com rochas e a antiga torre do relógio são algumas atrações. A torre do relógio estava coberta em reforma, assim como o Big Bem, em London. Aqui, conta-se sempre a história sobre o trágico acidente em 12 de abril de 1912, quando, após quatro horas de ter batido em um *iceberg*, o navio Titanic afundou. Muitos enterros foram feitos no mar, e outros tantos corpos foram sepultados em Halifax. Livros, fotos, preces e memórias de pessoas que pertenciam às igrejas são lembrados. Desse acidente, 866 passageiros sobreviveram, e 1.250 pereceram. Livros sobre o violinista John Law Hume, que, junto à orquestra, continuou tocando durante os momentos finais, estão à venda nas bancas de Halifax. Réplicas do jornal *Titanic Times* com a notícia do naufrágio são comercializadas. Os restos do Titanic ainda estão no fundo do mar. Foram resgatados objetos e pedaços de madeira do navio, que fazem parte do museu itinerante que circula pelo mundo.

O porto de Halifax foi, depois da Segunda Grande Guerra, um importante ponto de entrada de imigrantes europeus. A imigração pós-guerra foi a maior deste planeta. A que está ocorrendo atualmente, por motivos políticos, guerras civis e superpopulação, está modificando a posição de vários governos quanto à liberdade de imigração. Atualmente, a invasão e a imigração são de turistas. No dia em que estive aqui, cinco navios grandes estavam atracados no porto. Sobre superpopulação, é necessário registrar que, há cem anos, a população era de 1 bilhão. Cinquenta anos atrás, era de 3 bilhões, e agora é de 7,3 bilhões.

No estado do Maine, a cidade portuária de Maine é um porto antigo e importante para pesca e armazenamento de passagem. Hoje, é um ponto turístico e comercial. Anualmente invadido por cruzeiros, revive as aventuras dos navios e fragatas do passado. A Grande Loja Maçônica do Estado do Maine, na 415 Commercial Street, é um prédio de 1911, anterior ao desastre do Titanic, com elevadores fabricados pelo mesmo fabricante dos usados no navio. A biblioteca maçônica dá ênfase à Guerra Civil, pois foi um dos fatos mais importantes nos USA e, por consequência, para o futuro de todo o mundo. Durante quatro anos, houve dois países, entre 1861 e 1864. A divisão entre Sul e Norte resultou na Guerra Civil, que ocorreu para manter a união, ordenada por Abraham Lincoln. Isso fez toda a diferença, pois, como consequência, surgiram os fundamentos fortes do que é a nação hoje. A escravidão e os abolicionistas foram uma das causas dessa guerra civil, pois o Sul usava os escravos para ir à linha de frente contra os do Norte.

New York, Manhattan. Assim como Constantinopla, hoje Istambul, era a capital do mundo, hoje Washington D.C. é a capital política mundial, e New York, a capital financeira e cultural mundial. O One World Trade Center e o memorial das vítimas do 11 de setembro são atrações turísticas. O Rockefeller Center, a Times Square, a Estátua da Liberdade, que dá as boas-vindas aos visitantes, o edifício ícone da Chrysler, os edifícios dos filmes do *Spider-Man*, o distrito dos teatros, a Broadway, a Trump Tower, a Macy's e a Bloomingdale's, as maiores lojas do mundo, as ruas movimentadas e os táxis amarelos fazem desta cidade o que ela é: famosa, despertando o desejo de muitos para visitar, viver e sentir esse lugar.

Esta viagem terminou em Miami, USA. Os muitos navios de cruzeiro no porto, as praias, as palmeiras, o sol, os carros conversíveis e os muitos latinos fazem de Miami a cidade preferida dos brasileiros e de pessoas de muitas nacionalidades.

    Por que viajar? Por que conhecer o mundo? Por que sair da zona de conforto? Porque é mais tarde do que você pensa. E porque tudo é uma questão de atitude.